Quedlinburg – Kleine Stadtgeschichte

W0083664

Thomas Wozniak

Quedlinburg

Kleine Stadtgeschichte

VERLAG FRIEDRICH PUSTET
REGENSBURG

UMSCHLAGMOTIV
Quedlinburg, Blick auf die Stadt mit Schlossberg. – Gemälde von Wilhelm
Steuerwaldt, 1840 (Aufnahme: Van-Ham Kunstauktionen / Saša Fuis).

Herausgegeben von der
Quedlingburg-Tourismus-Marketing GmbH
Markt 4, 06484 Quedlinburg
www.quedlinburg.de

**BIBLIOGRAFISCHE INFORMATION DER
DEUTSCHEN NATIONALBIBLIOTHEK**
Die Deutsche Nationalbibliothek verzeichnet diese Publikation
in der Deutschen Nationalbibliografie; detaillierte bibliografische
Angaben sind im Internet über http://dnb.d-nb.de abrufbar.

ISBN 978-3-7917-2605-2
© 2014 by Verlag Friedrich Pustet, Regensburg
Reihen-/Umschlaggestaltung und Layout: Martin Veicht, Regensburg
Satz: Vollnhals Fotosatz, Neustadt a. d. Donau
Druck und Bindung: Friedrich Pustet, Regensburg
Printed in Germany 2014

Diese Publikation ist auch als eBbook erhältlich:
eISBN 978-3-7917-6035-3 (epub)

Weitere Publikationen aus unserem Programm
finden Sie auf www.verlag-pustet.de
Kontakt und Bestellungen unter verlag@pustet.de

Inhalt

GuthsMuts, der Erfinder des Baseballs / Carl Ritter, der erste moderne Geograf /
Industrie und Eisenbahn / Mit Fontanes »Cécile« durch Quedlinburg /
Die Ära Gustav Brecht / Mit dem Kaiser in den Ersten Weltkrieg /
Kriegsgefangene vor der Stadt / Quedlinburg in der Weimarer
Republik / Der französische Gefangene Théophile Radin

Vorwort

Die 1100 Jahre der Geschichte der Stadt Quedlinburg auf etwa 160 Seiten zusammenzufassen ist kein leichtes Unterfangen – manche meinen gar, es sei fast unmöglich.

Mit der Gründung des Frauenstiftes, das über 800 Jahre bestand und für das allein schon eine eigene Darstellung notwendig wäre, wurde die Basis geschaffen, und als nördlich davon 994 der Marktplatz eingerichtet wurde, bildete sich in dessen Nähe bald die Altstadt aus. Manch einer ist der Meinung, nach diesem glanzvollen Jahrhundert sei es in Quedlinburg nur noch bergab gegangen. Die Stadt liege da wie eine schlafende Prinzessin, die still vor sich hindämmere und auf ihren Weckruf warte. Je nach Betrachtungsweise stimmt dies teilweise; teilweise aber auch ganz und gar nicht: Die Stadt hat zwar die vielfach typische Entwicklung einer durchschnittlichen mitteleuropäischen Stadt genommen, doch es gibt zweifelsohne einige Besonderheiten in der Historie Quedlinburgs: So haben die Bewohner zu vielen Zeiten großes Glück gehabt. Hier sind romanische Gebäudeteile vor der Bauwut der Gotik verschont geblieben, hier haben vergleichsweise wenige Stadtbrände gewütet, und auch der Dreißigjährige Krieg war zwar bedrückend und schwer, doch nicht zerstörerisch. Vor allem aber ist die Stadt im Zweiten Weltkrieg weitestgehend verschont geblieben – was keinesfalls selbstverständlich war, wie das nahe Beispiel des bombardierten Halberstadt zeigt.

In der zweiten Hälfte des 19. Jahrhunderts schafften es die Bürger unter dem fähigen Bürgermeister Gustav Brecht dann, aus dem kleinen Provinzstädtchen einen der weltweit führenden Produzenten von Pflanzensamen zu machen. Diese Epoche kann durchaus als zweite Hochphase mit einer überregionalen, ja fast globalen Bedeutung der Stadt angesehen werden. Danach ist so manches nicht immer optimal verlaufen.

Dieses Bändchen soll eine »Kleine Stadtgeschichte« werden, wie der Titel schon zeigt, eine, die einen ersten Überblick gibt, einen Einstieg in die 1100 Jahre, ohne diese natürlich umfassend abhandeln zu können. Der Quedlinburg-Kenner wird zwangsläufig das eine oder andere vermissen, manche Anekdote, manches Ereignis, einige Namen, die normalerweise »dazugehören«. Dafür wird er aber auch einiges finden, was er so sonst nirgends lesen konnte. Die bisherigen umfassenden Darstellungen endeten im 19. Jahrhundert. Doch gerade zum 20. Jahrhundert, in dem Quedlinburg mehrfach unrühmliche Rollen zugewiesen bekommen hat, wird hier eine durchgehende Darstellung bis in die aktuelle Zeit geboten. Einige Ereignisse – wie die Pogromnacht, die Befreiung durch die Amerikaner oder die Ereignisse vom 17. Juni 1953 – sind hier erstmals anhand der Zusammenführung verschiedener Zeitzeugenaussagen in dieser Ausführlichkeit dargestellt.

Geschichte wird auf diese Weise lebendig und spannend: durch die Einzelheiten, durch Details und Anekdoten aus dem Leben – und auf diese braucht der Leser hier trotz der gebotenen Kürze nicht zu verzichten. Eine Vielzahl von Kurzportraits berühmter Quedlinburger, aussagekräftigen Quellenzitaten und Zeitzeugenberichten sind in den laufenden Text eingestreut und liefern zusätzliche Informationen. Das Allgemeine wird so durch das Besondere ergänzt und veranschaulicht.

Für viele Hinweise, die bei der Entstehung des Textes geholfen haben, danke ich Dr. Bengt Büttner, Clemens Bley M. A., Dipl. Ing. (FH) Architektur Katrin Kanus-Sieber und besonders Dr. Anja Thaller.

Es ist die Hoffnung des Verfassers, mit der »Kleinen Quedlinburger Stadtgeschichte« beim Leser die Lust zu wecken, sich weiter auf Entdeckungsreise zu begeben, um die kleinen und großen Schätze der Stadt zu heben – und an diesen mangelte es in Quedlinburg zu allen Zeiten nicht.

Von den Anfängen der Besiedlung

Vor- und Frühgeschichte

Einen Beginn der menschlichen Siedlung in der Region festzustellen, ist immer schwierig. Doch es gilt als unumstritten, dass bereits die Menschen der Altsteinzeit hier siedelten. Die Gegend war nicht durchgehend bewohnt, jedoch waren die ertragreichen Böden für die Menschen vieler Epochen anziehend. Besonders aus der Zeit des Neolithikums ließen sich viele Siedlungsreste nachweisen. Entlang des Bodetals ragen an den begrenzenden Höhenzügen immer wieder markante Hügel heraus, auf denen sich viele neolithische Begräbnishügel – wie der Moorberg, die Bockshornschanze oder der Brüggeberg – befinden. Auch lag zwei Kilometer nordwestlich von Quedlinburg eine Kreisgrabenanlage der Stichbandkeramik, die in ihrer Ausrichtung auf den Lauf der Sonne und den nahen Brocken Bezug nahm. Diese Kreisgrabenanlage stand der berühmteren in Goseck in Alter, Ausdehnung und Form kaum nach, sie wird jedoch heute durch die Trasse der Fernverkehrsstraße B 6 überdeckt. Etwas weiter nördlich wurde vor kurzem noch eine weitere große Kreisgrabenanlage entdeckt. Bereits in dieser frühen Epoche zog es also nicht wenige Siedler in die Gegend.

Zahlreiche neolithische Funde und Befunde verteilen sich über das Quedlinburger Stadtgebiet und die nähere Umgebung. Falls die Römer durch Quedlinburger Landstriche gezogen sein sollten, so wissen wir darüber nichts, denn während dieser Zeit lag der Ort im tiefsten Germanien. Römische Legionen, die um die Zeitenwende bis zur Elbe geführt wurden, hatten es nicht leicht – sie wurden in Hinterhalte und Schlachten, wie im Teutoburger Wald, oder in Scharmützel, wie am Harzhorn östlich von Bad Gandersheim, verwickelt und konnten ihre militärische Stärke gegen die barbarischen Germanen kaum erfolgreich zur Anwendung bringen. Zeugnisse römi-

Italafragmente einer illustrierten Bibelhandschrift aus dem 5. Jahrhundert.

scher Kultur sind in Quedlinburg nur aus archäologischen Funden vom Moorberg, vom Galgenberg und besonders von den Salzwiesen bekannt. Für die dort jüngst entdeckten Bronzefiguren (Mars, Merkur oder Gladiator) gilt als wahrscheinlich, dass sie durch Fernhandel in die Region gekommen sind.

Auf dem markanten Quedlinburger Burgberg lassen sich fast seit der Bronzezeit kontinuierliche Siedlungsspuren nachweisen. Wer hier siedelte, lässt sich heute aber kaum mehr feststellen, denn bis ins 8. Jahrhundert sind allein archäologische Spuren zu finden, dann erst setzt auch in diesen Breiten langsam eine schriftliche Überlieferung ein. Um diese Zeit ist die Gegend von Sachsen besiedelt.

Karl der Große und Hessi

Das Leben Karls des Großen ist reich an Kriegen. Er ließ seine Truppen gegen die Mauren kämpfen, aber auch gegen die Langobarden. Seinen mit Abstand längsten Konflikt focht Karl freilich mit den unbeugsamen Sachsen unter der Führung seines bekannten Gegenspielers Widukind aus.

Zu Beginn der Kriege mit den Sachsen, die sich von 772 bis 804 über mehr als 30 Jahre hinzogen, hatte Karl die Eresburg erobert und dort eines der wichtigsten sächsischen Heiligtümer, die Irminsul, zerstören lassen. Darauf hatten die Sachsen mit heftigen Ausschreitungen reagiert. Gegen diese Aufstände ging Karl im Jahr 775 mit aller Härte vor. Als er dabei mit einem Teil seines Heeres am Ufer des Flusses Oker den Harzgau erreichte, kamen ihm die so genannten »Ostleute« (Ostreludi) der Sachsen unter ihrem Führer Hessi entgegen. Sie wollten nicht weiter kämpfen, unterwarfen sich Karl dem Großen und schworen ihm Treue. Damals waren noch mündliche Verträge üblich, für deren tatsächliche Einhaltung aber immer Geiseln gestellt wurden. In den Quellen heißt es, Karl habe von den Ostleuten so viele Geiseln erhalten wie er wollte. Deren Anführer, der ältere Hessi, stellte auch eine junge Geisel, die ebenfalls diesen Namen trug. Vermutlich war es sein Sohn oder Enkel, zumindest ein sehr nahestehender Verwandter.

Im Allgemeinen gab Karl der Große jüngere Geiseln zur Erziehung in Klöster. Dort wuchsen sie auf und wurden in einer Karl wohlgesonnenen Atmosphäre christlich erzogen. Wenn diese Geiseln nach einigen Jahren zurückkehren durften, übernahmen einige auch herrschaftliche Positionen in ihren Herkunftsgebieten. So konnte Karl sie als christlich erzogene und seiner eigenen Familie ergebene Stammesführer einsetzen. In diesem Sinne wurde der junge Hessi damals in einem Kloster, wahrscheinlich in Fulda, erzogen. Als sein Vater (oder

Großvater), der alte Anführer Hessi, 779 starb, durfte der junge Hessi in den Harzgau zurückkehren und bekam – wie viele andere auch – von Karl dem Großen ein Grafenamt übertragen. Für das Seelenheil des älteren Hessi wurde bald im Kloster Fulda gebetet, wie aus den Eintragungen in den dortigen Totenbüchern hervorgeht. Wahrscheinlich hatte der junge Hessi dieses Gedenken an seinen älteren Verwandten gestiftet.

Das Kloster leistete derlei Gebetsdienste aber nicht uneigennützig, sondern ließ sie sich bezahlen: Der junge Hessi übertrug dem Kloster Fulda zwei Orte im Harzvorland, *Froreswic* und *Marsleben*, in unmittelbarer Nähe zu Quedlinburg; Marsleben liegt etwa zwei Kilometer nördlich und Frose etwa acht Kilometer östlich des Quedlinburger Burgberges. In beiden Orten wohnten im 8. Jahrhundert insgesamt 80 unfreie Familien. In späteren Jahren ging der mittlerweile nicht mehr ganz so junge Hessi ins Kloster Fulda zurück, wo er im Jahr 804 starb. Vor seinem Tod scheint er seinen Untergebenen Nortmann damit beauftragt zu haben, dem Kloster weitere Orte zu stiften, damit dort auch für ihn gebetet werden würde. In den Quellen wird ausdrücklich betont, dass Hessi ohne männlichen Nachkommen verstorben war, denn sein einziger Sohn war bereits in zartem Kindesalter gestorben. Seine Güter musste er deshalb seinen Töchtern überlassen.

Die frühmittelalterlichen Anfänge des Ortes

Seit sich der ältere Hessi im Jahr 775 Karl dem Großen bei Ohrum an der Oker unterworfen und eine Grafschaft erhalten hatte, gehörte er zur führenden Schicht des Reichsadels. Es ist vermutet worden, dass er im selben Jahr mit Karls Schwester Gisela (757–810) verheiratet worden sei. Wahrscheinlicher ist aber, dass diese Ehe zwischen dem jüngeren Hessi und Gisela geschlossen wurde. Aus dieser Ehe gingen ein Sohn und drei Töchter hervor. Da der Sohn starb, war es an der ältesten Tochter, ebenfalls mit Namen Gisela, im 9. Jahrhundert mehrere Klöster, so in Wendhusen und in Karsbach, zu gründen. Über Hessis Enkelkinder sind wir durch die Lebensbeschreibung der

DIE GOLDSCHEIBENFIBEL

Im Jahr 1878 wurden einen Kilometer östlich der Quedlinburger Altstadt Reste des untergegangenen Dorfes Groß Orden freigelegt. Dieser Ort hatte vom 8. bis zum 15. Jahrhundert eine große Bedeutung, wurde dann aber verlassen und fiel wüst. Bei seinen Grabungen untersuchte der damalige Quedlinburger Bürgermeister Gustav Brecht auch die Gräber und Grabstellen in der Umgebung der ehemaligen Dorfkirche und fand dabei eine merowingische Filigranfibel, also eine metallene Gewandnadel, die ähnlich wie eine Sicherheitsnadel funktioniert und meist dafür benutzt wurde, Kleider, Umhänge und Mäntel zusammenzuhalten. Als Bestandteil der Tracht diente sie – neben ihrer praktischen Funktion – auch als Schmuck. Bei den Scheibenfibeln deckte eine annähernd runde, oft reichverzierte Platte die Nadelkonstruktion ab. Filigranscheibenfibeln sind wiederum eine Sonderform der Goldscheibenfibeln, denn sie sind flächig mit dünnen, perlschnurartig gestalteten Goldfäden bedeckt. Die im Durchmesser 5,8 Zentimeter messende Fibel trägt in der Mitte eine antike Gemme mit der Darstellung eines Satyrs. Mittlerweile sind deutschlandweit über 220 Filigranfibeln bekannt, und so kann heute festgehalten werden, dass sich das Stück aus Groß Orden weit außerhalb des mittelrheinischen Hauptverbreitungsgebietes dieser Fibeln befindet. Es ist vermutlich in die Mitte des 7. Jahrhunderts zu datieren und dürfte einer herausragenden Persönlichkeit gehört haben.

Später sollte der Ort Groß Orden zum Hauptsitz der Familie der Billunger/Billinge werden, eines führenden Adelsgeschlechts im Sachsen des 8./9. Jahrhunderts.

Merowingerzeitliche Goldscheibenfibel aus dem ehemals östlich der Quedlinburger Altstadt gelegenen Dorf Groß Orden.

hl. Liutbirg gut unterrichtet; so war Bilihilt Äbtissin in Wendhusen, südlich von Quedlinburg, und Hruothilt Äbtissin in
Karsbach. Die weiteren Nachkommen der Sippe Hessis scheinen den Konradinern sehr nahe gestanden zu haben.

Neben den Familienmitgliedern der beiden Hessi hatten
auch Hiddi und Amalung I. aus dem sächsischen Adelsge-
schlecht der Billunger Besitz in der unmittelbaren Nähe von
Quedlinburg, in Groß Orden östlich der Stadt, wo sich heute
ein Gewerbegebiet befindet; sie wurden aber 779 von ihren
Verwandten aus ihrer Heimat vertrieben.

Am Ende des 8. Jahrhunderts häufen sich urkundliche
Nachrichten über Ortschaften in der Umgebung Quedlinburgs: Marsleben im Norden der Stadt, Groß Orden im Osten,
Ballersleben im Nordwesten, das genau gegenüber auf dem
anderen Flussufer liegende Ditfurt und der Ort Weddersleben
im Westen. Nach dem Kloster Wendhusen scheint wahrscheinlich um 835/63 die Wipertikirche als Filiale der Abtei Hersfeld
gegründet worden zu sein. Die archäologischen Funde an der
Stelle zeigen aber eine schon viel frühere Nutzung. Auch für
den Schlossberg lassen sich aufgrund der archäologischen Befunde sehr frühe Nutzungen nachweisen. Als erster Priester in
Quedlinburg ist ein gewisser Geltmarus zu Beginn des 10. Jahrhunderts bekannt.

Herzog Otto der Erlauchte

Eine andere Familie, die für die Region, für das Frankenreich,
ja sogar für Europa noch wichtiger werden sollte, waren die
Liudolfinger. Sie sind nach dem Grafen Liudolf benannt; dessen jüngerer Sohn Otto der Erlauchte war seit 880 das Haupt
der Familie. Er war jahrelang der Rivale König Konrads I. Von
902 bis 912 war er Laienabt von Hersfeld und scheint in dieser
Zeit den Besitz um die Wipertikirche in das Eigentum der Liudolfinger genommen zu haben.

Der spätestens 935 entstandene Bericht über die »Wunder-
taten des heiligen Wigbert« *(Miracula Sancti Wigberthi)* des Lupus
Servatus überliefert neben den Urkunden die früheste schriftli-

Der Finkenherd um 1900. Der Legende nach wurde Heinrich I. hier zum König erhoben.

che Nachricht über den Ort: »Es gibt einen Ort, Quidilinoburg genannt, jetzt im Sachsenreiche, geehrt als königliche Residenz und deshalb hocherhaben und berühmt, einst dieser [der Hersfelder] Klostergenossenschaft behufs Nutznießung unterstellt, dieweil er Eigentum des hl. Wigbert war und ebendeshalb bis jetzt wegen der [dort vorhandenen] Reliquien von vielen als verehrungswürdig angesehen wird.«

Die Bedeutung Ottos des Erlauchten innerhalb des ostfränkischen Machtgefüges war groß, was nicht zuletzt an seiner Ehe mit Hadwig klar wird, einer bedeutenden fränkischen Babenbergerin. Mehr noch, ihre gemeinsame Tochter Oda heiratete im Jahre 897 Zwentibold, ein Mitglied der karolingischen Herrscherfamilie, der von 895 bis 900 König von Lothringen war. Noch wichtiger aber wurde der dritte Sohn Ottos des Erlauchten: Heinrich wurde 919 – nachdem der Rivale Konrad I. verstorben war – zum König des Ostfrankenreiches erhoben. Als Otto der Erlauchte 912 starb, wurde sein Name von Otto I. weitergeführt, dem Sohn Heinrichs I., der eine Woche nach dem Tod seines Großvaters geboren wurde. Die legendäre Königserhebung Heinrichs I. – von der lokalen Tradition an den Quedlinburger Finkenherd verlegt – hat zwar während der Jagd in Fritzlar stattgefunden. Doch erlangte Quedlinburg bereits unter König Heinrich I. seine Bedeutung als Pfalz, in der die Königsfamilie am häufigsten das höchste und wichtigste christliche Fest – das Osterfest – gefeiert hat. Auf diese Weise ist Quedlinburg untrennbar mit der Familie der Liudolfinger verbunden, die – nach der Kaiserkrönung – unter dem Namen »Ottonen« eine weit über Mitteleuropa hinausgehende Bedeutung erlangen sollten. Europa wurde damals wiederholt von fremden Mächten erschüttert, und in dieser schwierigen Situation waren es die Ottonen, insbesondere Heinrich I. und Otto I., die für Frieden sorgten.

Die politische Blütezeit –
Osterpfalz der Ottonen (922–1024)

Abseits der Hauptwege geschützt

Drei Feinde bedrohten das christliche Europa am Ende des 9. und zu Beginn des 10. Jahrhunderts wieder und wieder: Von den Wasserstraßen des Nordens her fielen die Normannen über Klöster, Ländereien und Städte her; vom Süden aus bedrohten islamische Heere wiederholt die christlichen Reiche, und auf dem Landwege verbreiteten die Ungarn mit geschickt geführten Angriffen und schnellen Rückzügen auf wendigen Pferden Angst und Schrecken. Die unkontrollierbaren Ungarn orientierten sich dabei wohl an den vorhandenen Hauptverkehrswegen – wie dem Hellweg mit seinen parallelen Nebenwegen. Einer davon führte nördlich des Harzes von Westen nach Osten und kreuzte bei Ditfurt und Ballersleben fünf Kilometer nördlich von Quedlinburg den Fluss Bode. Der Ort Quedlinburg selbst lag etwas abseits der Haupthandelsrouten, und genau das könnte sein großer Vorteil gewesen sein: Die Ungarn standen nicht plötzlich, geleitet von den Hauptwegen, vor den Toren. In der Sicherheit dieses Abstands konnte Heinrich I. seine Reitertruppen ausbilden und für den Kampf vorbereiten. Später konnten er und seine Reiter im Rücken der auf den Hauptwegen vorbeiziehenden Ungarn auftauchen. Eine solche für die ungestörte Vorbereitung zum Kampf ideale, etwas abseitige Lage ist auch an anderen Pfalzorten wie Memleben beobachtet worden. Für die Ottonen scheinen in der bedrohlichen und angespannten Lage Orte notwendig gewesen zu sein, die ein sicheres Versteck darstellten. Aber wer war überhaupt dieser Heinrich I., der die Ungarn das Fürchten lehrte?

König Heinrich I. und Königin Mathilde

Der junge Heinrich I. hatte 906 eine Frau namens Hatheburg geheiratet, obwohl diese als junge Witwe berest den Schleier genommen hatte, also in ein Kloster gegangen war. Verschiedene Bischöfe hatten dies als Grund gegen die Ehe vorgebracht, aber Heinrich scheint dies gleichgültig gewesen zu sein. Hatheburg brachte große Besitztümer mit in die Ehe. Den gemeinsamen Sohn nannte man Thankmar, nach Heinrichs früh verstorbenem älterem Bruder. Etwas später hörte Heinrich, mittlerweile über 30 Jahre alt, von der jungen, damals gerade 14-jährigen Mathilde, die in einem Stift in Engern in Westfalen erzogen wurde, das von ihrer Großmutter geleitet wurde. Heinrich wurde dort heimlich vorstellig, arrangierte sich mit der Großmutter, die ebenfalls Mathilde hieß, und heiratete – anscheinend nur mit deren Erlaubnis, ohne die Zustimmung der Eltern, des Grafen Dietrich, eines Nachkommen Widukinds, und der Reginlind – im Jahr 909 die junge Mathilde in Wallhausen.

Seine Ehe mit Hatheburg hatte Heinrich kurzerhand auflösen lassen – mit der Begründung, sie habe ja bereits den Schleier genommen. Ihre Besitzungen behielt er aber in seiner Hand. Dafür, dass er eine Frau (Hatheburg) beraubt und eine Frau (Mathilde) entführt hatte, wurde Heinrich später mit dem Beiname der »Vogelere« bedacht, einem nach neueren Forschungen durchaus derben und anzüglichen Beinamen. Der war natürlich unpassend für den später immer wieder als »ersten deutschen König« bezeichneten Heinrich I., weshalb der Name am Rand der betreffenden Chronik im 12. Jahrhundert zum »Vogelsteller« erweitert wurde. Da Heinrich I. als König viel Zeit auf der Jagd verbracht hatte, passte das deutlich besser zum Image des Herrschers. Übrigens war der Altersunterschied der Brautleute wie auch das enorm hohe Tempo der Eheschließung bereits den Zeitgenossen aufgefallen, und so formuliert die – mit einem Abstand von fast einem Jahrhundert entstandene – zweite Biografie Mathildes, die Beiden seien in sehr großer Liebe zueinander entbrannt.

Darstellung der ersten Äbtissin Mathilde auf einem Glasfenster in der Stiftskirche.

Mit Mathilde war Heinrich bis zu seinem Tod im Jahr 936 verheiratet, und sie gebar ihm fünf Kinder: Otto, Heinrich, Gerberga, Hadwig und Brun. Ersterer wurde als Nachfolger seines Vaters 936 König, Heinrich wurde später Herzog von Bayern, Gerberga wurde 928 mit Giselbert von Lothringen verheiratet, und nachdem dieser 939 im Rhein ertrunken war, heiratete sie Ludwig IV., den König des Westfrankenreiches. Hadwig wurde 937/38 mit Hugo dem Großen, dem Herzog von Franzien, vermählt; ihr gemeinsamer Sohn Hugo Capet, der 987 französischer König wurde, kam um 940 zur Welt. Brun schließlich, der jüngste der Nachkommen von König Heinrich und Königin Mathilde, wurde 953 zum Erzbischof von Köln gewählt und Anfang September 953 mit dem Herzogtum Lothringen belehnt.

Obwohl Otto I. zwischen 929 und 936 zum alleinigen Mitkönig gemacht wurde und dies auch gewaltsam gegen alle Widerstände durchsetzte, versuchte sein jüngerer Bruder Heinrich immer wieder, die Herrschaft zu übernehmen. Zwischen den Nachkommen Ottos I. (Otto II. und Otto III.) und denen Heinrichs (Heinrich der Zänker und Heinrich II.) entbrannte ein fast ein Jahrhundert dauernder Wettstreit um die Macht. Diese Auseinandersetzung prägte die gesamte Epoche der Ottonen und spiegelt sich in sämtlichen im ostfränkischen Reich dieser Zeit entstandenen Quellen wider. In Quedlinburg scheinen dabei diejenigen Quellen entstanden zu sein, die für das Königtum Ottos I. argumentierten. So hielt sich hier Widukind von Corvey oft auf, der seine »Res gestae Saxonicae« der Tochter Ottos I. widmete; auch der Chronist Thietmar von Merseburg wurde eine Zeit lang hier erzogen. Auch entstanden hier die wichtigen »Quedlinburger Annalen«. Damit dies alles aber passieren konnte, war eine dauerhafte Institution notwendig, die eine stabile Erinnerung an die Mitglieder der ottonischen Familie garantieren konnte.

Stiftsgründung 936 mit weitreichenden Folgen

Erstmals wurde Quedlinburg als *villa quae dicitur Quitilingaburg* in einer Urkunde König Heinrichs I. vom 22. April 922 erwähnt. Bedeutend für die Entwicklung der Stadt war insbesondere das Jahr 929, als der König eine weitere Urkunde erstellen ließ, die heute als »Hausordnung« gedeutet und bezeichnet wird. Darin regelte der König Angelegenheiten seiner Familie. Seine Frau Mathilde erhielt zusätzlich zu ihrem Eigenerbe in Engern und Westfalen die liudolfingischen Familiengüter in Quedlinburg, Pöhlde, Nordhausen, Grona und Duderstadt. Diese wurden ihr mit allen Burgen, Burgbezirken, Hörigen und Dienstmannen sowie der fahrenden Habe und den Gestüten als Witwenversorgung zur freien Nutzung zugesprochen. Später bestimmte Heinrich I. Quedlinburg zu seiner Grablege. Nach seinem Tod in Memleben im Jahr 936 wurde er in der Pfalzkapelle auf dem Burgberg bestattet. Seine Witwe, Königin Mathilde, ließ sich

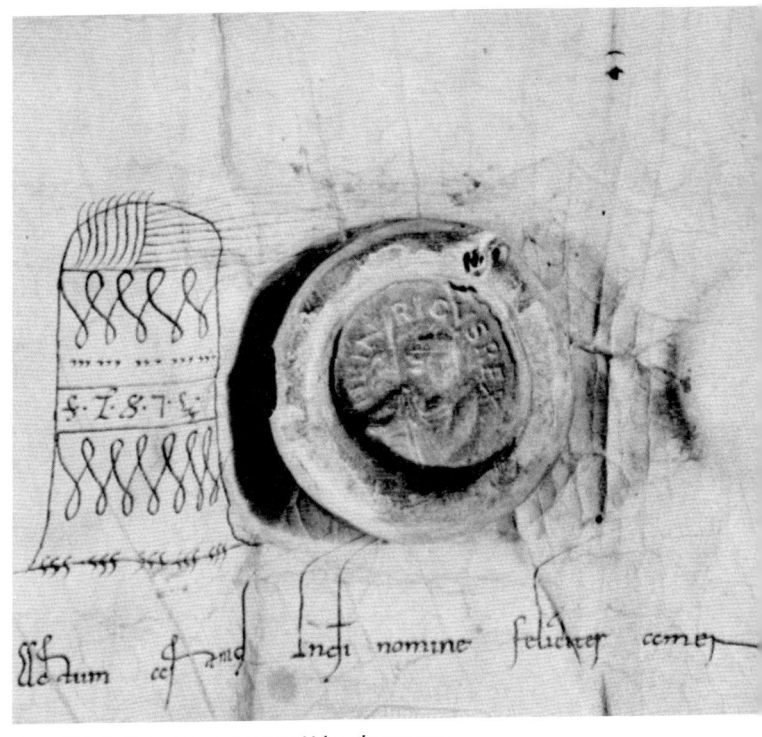

Siegel König Heinrichs I. an einer Urkunde von 927.

ein paar Wochen später von ihrem Sohn Otto I. die Gründung
eines Kanonissenstiftes am Grab Heinrichs I. bestätigen, das die
Aufgabe hatte, des toten Königs und anderer Familienmitglieder zu gedenken und adeligen jungen Frauen eine Ausbildungs-
möglichkeit und Lebensperspektive zu geben. Genau 30 Jahre
lang stand Königin Mathilde dem Stift selbst als Leiterin vor,
ohne je zur Äbtissin geweiht worden zu sein. Otto I. besuchte
Quedlinburg in unregelmäßigen Abständen zur Feier des Osterfestes und zu den Gedenktagen seines Vaters. Ottos im Jahr 955
von seiner zweiten Frau Adelheid von Burgund geborene Tochter, die nach ihrer Großmutter den Namen Mathilde erhielt,
war von Geburt an für die Leitung des Stiftes vorgesehen. Bereits mit elf Jahren wurde sie auf dem Osterhoftag 966 mit

Als Stiftsberg gedeutetes Rekognitionszeichen auf einer Urkunde Ottos I. von 956.

diesem Amt betraut (s. S.31). Zwei Jahre nach dem Osterhoftag, am 14. März 968, starb Königin Mathilde und wurde an der Seite ihres Gemahls, Heinrichs I., bestattet. Ihr Grab und ihr steinerner Sarkophag sind erhalten geblieben, während die Grablege Heinrichs leer ist.

Königin Mathilde hatte sich 936 und vermutlich auch später eigene Stiftsdamen gesucht. Nach den Quedlinburger Annalen habe sie keine Personen niederen Standes in den Konvent aufgenommen, sondern nur solche von höchstem Adel, da sie davon ausgegangen sei, dass eine Hochwohlgeborene (*bene nata*) nur höchst selten aus der Art schlage. Mit *bene nata* scheinen Frauen aus den Familien der benachbarten Markgrafen gemeint gewesen zu sein, denn nacheinander lebten drei Töchter der Markgrafen von Haldensleben und mindestens zwei aus der Familie der Markgrafen von Meißen im Quedlinburger Stift. Diesen als Sanctimonialen bezeichneten Stiftsdamen scheint es freigestanden zu haben zu heiraten. Eine von ihnen, Bertlalis, unternahm im Jahr 1008 selbstständig eine Reise nach Rom.

Häufige Reisen sind zwar auch von Königin Mathilde und ihrer Enkelin, der Äbtissin Mathilde, bekannt, aber es ist auffällig, dass auch die anderen Sanctimonialen solche Pilgerreisen machen durften.

In den ersten Jahrzehnten nach Gründung des Damenstiftes lassen sich zahlreiche Schenkungen durch die ottonischen Herrscher verzeichnen. Dazu gehören fast alle kleinen Dörfer in der Umgebung (von denen viele im Laufe des Spätmittelalters wüst fielen), aber auch weit entfernte Orte, wie das 170 km entfernte Soltau, im Jahr 993 der 180 km entfernte slawischen Grenzort Potsdam oder im Jahr 999 das ebenfalls 180 km entfernte Gera. Otto I. schenkte dem Stift insgesamt 48 Ortschaften, Otto II. elf und Otto III. zehn. Auch die späteren Herrscher vergaßen das Stift nicht, wohnten hier doch nahe Verwandte, und so kamen im Laufe der Zeit weitere 150 Orte zum Stiftsbesitz hinzu. Der wichtigste Besucher des bedeutenden Stiftes war sicherlich König Otto I.

Otto der Große in Quedlinburg

Während sich für seinen Vater, König Heinrich I., nur vier Besuche in Quedlinburg nachweisen lassen, davon drei zur Feier des Osterfestes (922, 923, 931), hielt sich Otto I. während seiner Herrschaft über 20 Mal in Quedlinburg auf. Sieben Mal feierte er das Osterfest im Ort (940, 941, 948, 950, 959, 966 und 973), was dazu führte, dass Quedlinburg als die bevorzugte Osterpfalz der Ottonen gesehen wurde. Drei weitere Male war er Anfang Juli zu Besuch – zum ersten Mal 937, was nahelegt, dass er seines genau ein Jahr zuvor verstorbenen Vaters gedachte. Auch am 16. Todestag Heinrichs I. im Jahr 952 und an dessen 25. Todestag im Jahr 961 war Otto zu Gast in Quedlinburg.

Zu Beginn seiner Herrschaft hatte Otto seinen Alleinherrschaftsanspruch gegen alle Anfeindungen durchgesetzt. Besonders die ersten zehn Jahre waren von Auseinandersetzungen mit Verwandten, wie seinem Halbbruder Thankmar oder seinem jüngeren Bruder Heinrich, gekennzeichnet, ebenso wie mit den Nachkommen König Konrads I. (reg. 911–918): Sie hatten im Jahr 919 zugestimmt, dass Heinrich I. als *primus inter pares* (als Erster unter Gleichen) zum König gekrönt werden solle, und erwarteten nun nach dessen Tod, dass die Macht zurück an ihre Familie, die Konradiner, fiele. Dagegen hatte Otto gekämpft und sich trotz mehrfacher Rückschläge erfolgreich durchgesetzt. Besonders brenzlig wurde es für ihn im Jahr 941, als seine Gegner auch vor einem Attentatsversuch zu Ostern in Quedlinburg nicht zurückschreckten.

VEREITELTES ATTENTAT AUF OTTO I. IM JAHR 941

Zum Osterfest 941 weilte Otto I. zum zweiten Mal als König in Quedlinburg. Ihm war zugetragen worden, dass sein jüngerer Bruder Heinrich erneut etwas gegen ihn im Schilde führte, ja dass es sogar den Plan für ein Attentat gäbe. Otto ließ sich sein Wissen zwar nicht anmerken, verließ sich aber statt auf ein unzuverlässiges Schicksal lieber auf seine treuen, zuverlässigen fränkischen Elitesoldaten, seine Leibwache. Sie vereitelten nicht nur das Attentat, sondern jagten auch die Angreifer. Dazu schreibt Widukind in seiner Sachsengeschichte (Buch II, 31): »Die Sache wuchs sich zu einem so verbrecherischen Plan aus, dass sie eine mächtige Verschwörung bildeten und beabsichtigten, (...) den König zu töten und jenem die Reichskrone aufzusetzen. Obwohl sich nun keiner fand, der diese Vorgänge öffentlich anzeigte, wurde dem König, den stets die schützende Hand Gottes bewahrte, doch noch kurz vor Ostern der Verrat aufgedeckt. Er umgab sich daher Tag und Nacht mit einer Schar treuer Krieger, ohne dass es seiner Würde irgendetwas schadete, und versetzte seine Feinde in Schrecken. Nach dem Festtag befahl er aber, vor allem auf den Rat der Franken hin, die ihn zu dieser Zeit bewachten, die insgeheim Verratenen festzunehmen oder zu töten.« Die übrigen Teilnehmer an der Verschwörung wurden entsprechend den Gesetzen enthauptet. Heinrich aber floh und verließ das Reichsgebiet. Er erlangte später erneut die Gnade (*clementia*) des Königs und bekam als Ausgleich sogar das Herzogtum Bayern zugesprochen. Künftig war er eine der treuesten Stützen seines Bruders.

Klostergründungen: St. Wiperti und Münzenberg

Nach dem missglückten Attentat besuchte Otto Quedlinburg einige Jahre lang nicht mehr, was aber auch daran gelegen haben könnte, dass in dieser Zeit viel gebaut wurde: Königin Mathilde gründete auf ihrem Witwengut mehrere Stifte und Klöster und ließ diese mit weitreichenden Privilegien ausstatten. In Quedlinburg wurde auf ihre Initiative 964 an der Kirche im Tal ein Kanonikerkonvent eingerichtet, der wie das Damenstift auf dem Burgberg reichsunmittelbar, also nur dem Kaiser und dem Papst unterstellt war. Er hatte ebenfalls die Aufgabe, die Memoria an die verstorbenen Familienangehörigen zu sichern. Über die erste Zeit des Konventes ist nur wenig bekannt. Erst seit er Mitte des 12. Jahrhunderts von Äbtissin Beatrix II. reformiert wurde, fließen die Quellen reichlicher. In dieser Zeit wurden Mitglieder des Reformordens der Prämonstratenser eingesetzt. Die nach älteren Regeln lebenden Kanoniker be-

Die romanische Umgangskrypta der Kirche St. Wiperti.

schwerten sich gegen diese grundsätzliche Reform beim Papst und erreichten wohl eine Übergangsregelung, denn erst nach 30 Jahren gab es nur noch Prämonstratenser.

Im 13. Jahrhundert wurden auch die Bibliothek erweitert und der größte Teil des heute noch erhaltenen Kirchenraumes gestaltet. Insgesamt florierte das Prämonstratenserstift und wuchs zu einem wirtschaftlich bedeutenden Faktor an. In dieser Zeit wurde allerdings in einer Urkunde der Äbtissin auch die Zucht der Mönche bemängelt. Aufgrund der wirtschaftlichen und strukturellen Vorteile wurde das Prämonstratenserstift mehrfach angegriffen und in die Auseinandersetzungen zwischen der Stadt Quedlinburg, den Bischöfen von Halberstadt und den Grafen von Regenstein hineingezogen. Die mehrfachen Zerstörungen trafen die wirtschaftliche Entwicklung so empfindlich, dass ein Gesandter des Papstes den Mönchen, von denen nur noch drei innerhalb der Mauern lebten, Ende des 14. Jahrhunderts sämtliche Abgaben erließ. Nach weiteren Zerstörungen wurde das Kloster seit 1425 im Auftrag von Papst Martin V. (reg. 1417–1431) erneuert. Es gelang dem neu eingesetzten Propst Heinrich von Reden (1428–1445), das Wipertistift wirtschaftlich zu festigen. Baulich bezeugen bis heute Reste des in dieser Zeit erneuerten Dachstuhls über der Kirche diese Veränderungen. Auch auf die Bibliothek wurde wieder vermehrt Wert gelegt. Die dabei erworbenen oder hergestellten Bücher können bis heute in der Universitätsbibliothek in Halle eingesehen werden. Das kunstgeschichtlich wertvollste Exemplar, das Evangelistar von St. Wiperti, liegt heute in der Auslage in der Schatzkammer, im sogenannten »Zitter« der Stiftskirche.

Die zweite Hochphase, in der sich das Stift gar einen jahrzehntelangen Streit mit der Stadt um einen Forst leisten konnte, hielt bis zum Bauernkrieg 1525 an, als die Gebäude geplündert wurden. Das mönchische Leben endete allerdings erst mit Einführung der lutherischen Reformation 1540, als der letzte Propst heiratete. Im Dreißigjährigen Krieg scheiterten die Versuche, das Kloster an den Prämonstratenserorden zurückzugeben und zu reformieren. Das Kirchengebäude wurde bis 1802 als evangelische Pfarrkirche genutzt, danach verkauft und als

Evangelistar aus St. Wiperti von 1513.

Scheune benutzt. Von 1936 bis 1945 profanierte die SS die Krypta und plante (zum Glück vergeblich), das gesamte Gelände zur Errichtung eines Flugzeugwerkes zu erwerben. Nach dem Kriegsende wurde der Kirchenraum bis 1959 wiederhergestellt und wird seither von der Katholischen Gemeinde als Sommerkirche genutzt.

Der Münzenberg von der Ostseite mit der Stiftskirche St. Servatius. –
Gemälde von Wilhelm Steuerwald, 1853.

Nachdem Königin Mathilde das Wipertistift gegründet hatte, wurde auch ihre Enkelin, die Äbtissin Mathilde, auf diesem Gebiet aktiv. Von ihr wurde 986 auf dem »Mons-Sion-Berg« genannten Höhenzug südwestlich des Burgberges ein Kloster für Benediktinerinnen eingerichtet und 995 fertig gestellt. Heute ist der Name zu »Münzenberg« verballhornt. Die Kirche des Klosters brannte im Jahr 1015, wurde aber relativ schnell wieder instandgesetzt und bereits zwei Jahre später im Beisein von Kaiser Heinrich II. und Kaiserin Kunigunde neu geweiht. Bei dieser Gelegenheit stiftete der Kaiser eine erhebliche Menge Gold.

In den folgenden Jahrhunderten kamen auch die Benediktinerinnen ihrer Aufgabe nach, der Verstorbenen zu gedenken. Mehrfach wurden im 14. Jahrhundert neue Altäre dafür eingerichtet, und es scheinen personelle Verbindungen insbesondere zu den Herren von Hoym bestanden zu haben. Besitz des St.-Marien-Klosters lässt sich in großem Umfang in Halberstadt nachweisen. Ansonsten ist nur sehr wenig über das Kloster oder Klosterleben bekannt. Dies hat seine Ursache zum einen in der Plünderung und Auflösung im Bauernkrieg 1525, zum anderen in der späteren Ansiedlung von Randgruppen, wie etwa Musikern, die in der Stadt nicht geduldet wurden. So wurden aus der ehemaligen Kirche im Laufe der Jahrhunderte Häuser für 17 Familien geformt. In den letzten Jahren ist diese Entwicklung aber aufgrund einer privaten Initiative erfolgreich rückgängig gemacht worden, und ein Teil des ehemaligen Kirchenraumes ist für Besucher wieder erlebbar.

Der Osterhoftag Ottos des Großen im Jahr 973

Die regelmäßig an hohen kirchlichen Festtagen wie Weihnachten, Ostern, Pfingsten oder Mariae Geburt abgehaltenen Hoftage waren wichtige Ereignisse des politischen Lebens. Bei diesen von entsprechendem Glanz begleiteten Zusammenkünften der Kaiser und Könige mit Herzögen, Grafen, Hochadeligen, Erzbischöfen und Bischöfen wurde über viele Fragen in Bezug auf Recht und Karriere, aber auch über Leben und Tod entschieden. Aus der Reihe der gewöhnlichen Hoftage ragt jener vom März 973 in Quedlinburg heraus, bei dem neben den üblichen weltlichen und geistlichen Größen auch viele Gesandte und Repräsentanten anderer Völker teilnahmen. Selbst Delegierte aus dem spanischen Kalifat waren unterwegs, trafen den Kaiser aber erst verspätet in Merseburg. Über den Verlauf des Hoftages sind wir nur knapp unterrichtet, aber es wird von allen Beobachtern übereinstimmend festgehalten, dass alle Fragen eine friedliche Schlichtung fanden und jeder Gesandte, mit reichen Gaben beschenkt, frohmutig heimkehrte.

Otto der Große hatte den Hoftag bereits während seines langen Italienaufenthaltes einberufen lassen. Den fremdländischen Teilnehmern musste schließlich genügend Zeit bleiben, um sich auf den Weg zu machen. An auswärtigen Herrschern kamen der Polenherzog und spätere König Bolesław I., der Tapfere, der Herzog Boleslav von Böhmen, zwölf Große aus Ungarn, der Gesandte des Papstes Benedikt VI. und des dänischen Königs Harald Blauzahn, der Gesandte des byzantini-

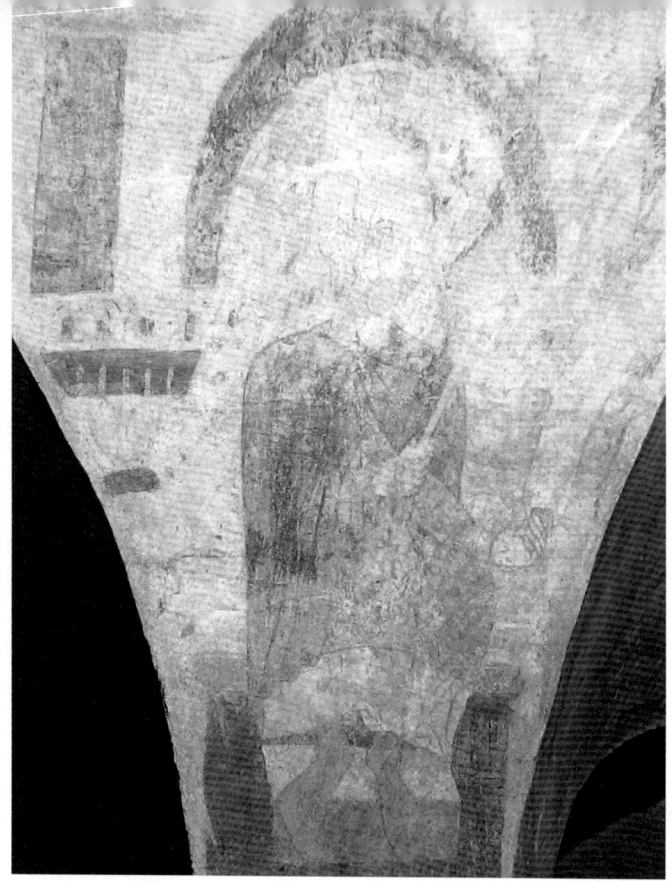

Otto Magnus Imperator. – Seccomalerei aus der zweiten Hälfte des
12. Jahrhunderts in der romanischen Krypta der Stiftskirche.

schen Kaisers Johannes Tzimiskes, zwei bulgarische Große,
der Herzog von Benevent, Pandulf Eisenkopf, Gesandte der
Russen und die Gesandten des arabischen Omayyadenreiches
in Südspanien. Es fällt auf, dass Gesandte aus dem Westfran-
kenreich, aus Burgund, aus England oder aus Irland fehlten.
Dagegen waren die drei Otto am feindlichsten gesinnten Völker – die Ungarn, die Normannen und die Araber – jeweils
mit Gesandten vertreten, ebenso der stärkste Machtkonkurrent
Byzanz. So scheint es mehr um osteuropäische Fragen gegangen zu sein, insbesondere die Abgrenzung der lateinischen

Christenheit vom orthodoxen Glauben der Griechen und Russen. Otto nutzte für den Hoftag die Güter des Stiftes, dem seine Tochter Mathilde aus seiner zweiten Ehe mit Adelheid von Burgund vorstand.

REICHSVERWESERIN – ÄBTISSIN MATHILDE

Bereits in ihrem ersten Lebensjahr scheint die 955 geborene Mathilde als Nachfolgerin ihrer Großmutter Königin Mathilde vorgesehen worden zu sein. Mit elf Jahren wurde sie im Beisein aller Erzbischöfe und Bischöfe zur Äbtissin des Stiftes geweiht. Papst Johannes XIII. bestätigte die Weihe im April 967. Von ihrer Großmutter erhielt sie einen speziellen Kalender mit einer Liste der Verstorbenen, derer zu gedenken war. Nach dem Tod ihres Vaters Otto I. war Mathilde nach ihrem Bruder Otto II. und dessen Frau Theophanu eine der wichtigsten Politikerinnen im Reich. Besonders während der Abwesenheit Ottos II. in Italien führte Mathilde die Geschicke im Reich als Reichsverweserin. Sie erhielt dafür den Status einer »Metropolitana«, der sie einem Erzbischof gleichsetzte. Nachdem sie einige Kirchen in Quedlinburg neu hatte erbauen lassen – 997 erstrahlte das neue Münster auf dem Burgberg – starb sie mit 44 Jahren kurz vor dem Jahrtausendwechsel. Widukind von Corvey hat sie mit seiner Sachsengeschichte beschenkt; vor jedes einzelne Kapitel setzte er in späteren Fassungen ein Vorwort, das der Äbtissin Mathilde gewidmet war. Sie könnte die Funktion eines Lehrbuches für die junge Äbtissin erfüllt haben, die während der Abwesenheit von Herrscher und Hof in Italien die Macht im Gebiet nördlich der Alpen in ihren Händen hielt. Vermutlich geht auch das Projekt, die Quedlinburger Annalen zu verfassen, auf die erste, wichtigste und berühmteste Äbtissin des Quedlinburger Stiftes zurück.

Heinrich der Zänker greift 984 nach der Macht

Als Osterpfalz der Ottonen spielte Quedlinburg auch in der Zeit Ottos II. und Ottos III. eine wichtige Rolle. Dies wird besonders an der Auseinandersetzung zwischen Kaiser Otto II. und seinem Vetter Heinrich dem Zänker deutlich. Letzterer hatte schon seit längerem einen Konflikt mit Otto, da er das freigewordene Herzogtum Schwaben selbst übernahm und – ohne Rücksicht auf das Recht der Investitur, welches bei Otto II. lag – den Bischofsstuhl in Augsburg mit einem ihm loyalen Vetter neu besetzte. Otto II. rang Heinrich schließlich nieder und übergab ihn an Bischof Folkmar von Utrecht zur Bewachung.

Im Jahr 980 gebar Kaiserin Theophanu ihrem Gemahl einen Sohn, Otto III. Zur Sicherung der Thronfolge drängten die Fürsten bereits drei Jahre später auf einem Hoftag zu Verona an Pfingsten 983, den jungen Otto III. zum Mitkönig zu wählen. Erst kurz zuvor hatte sein Vater die Schlacht am Kap Colonna gegen die Sarazenen verlorenen und war nur mit Mühe entkommen. Die Teilnehmer des Hoftages, die zurück über die Alpen reisten, führten den dreijährigen Otto III. mit sich, um ihn am traditionellen Krönungsort in Aachen zum König zu erheben. Am Weihnachtsfest 983 wurde er von den Erzbischöfen Willigis von Mainz und Johannes von Ravenna zum König gekrönt. Die Anwesenden wussten noch nicht, dass Otto II. zu diesem Zeitpunkt bereits seit drei Wochen tot war. So machte die Todesnachricht, die kurz nach den Krönungsfeierlichkeiten eintraf, dem Freudenfest ein abruptes Ende.

Nach dem Tod Ottos II. wurde Heinrich der Zänker aus der Haft entlassen. Da sich Ottos III. Mutter Theophanu, seine Großmutter Adelheid und seine Tante Mathilde noch in Italien aufhielten und Heinrich der Zänker der nächste männliche Verwandte war, übergab ihm Erzbischof Warin von Köln den vierjährigen König. Heinrich strebte allerdings nicht nach der Vormundschaft über das Kind, sondern nach der eigenen Königsherrschaft. Dazu versuchte er, durch Freundschaftsbündnisse und Schwureinungen Unterstützernetzwerke zu bilden, und ließ sich sogar von seinen Anhängern zum Mitkönig oder gar zum König ausrufen und huldigen. Dies tat er an den Orten, die für die Ottonen die größte Bedeutung hatten: am Palmsonntag in Magdeburg, der Grablege Ottos I., und mehr noch am Ostersonntag in Quedlinburg, der Grablege Heinrichs I. Zu seinen Unterstützern zählten die Herzöge Mieszko I. von Polen, Boleslav II. von Böhmen und der Slawenfürst Mistui.

Während sich die Großen in Sachsen zunehmend von Heinrich distanzierten, standen diejenigen in Bayern aber treu zu ihm. So hing die Entscheidung von den Franken ab. Die fränkischen Großen unter Führung des Mainzer Erzbischofs Willigis und des Schwabenherzogs Konrad waren jedoch nicht bereit, die Thronfolge Ottos III. infrage zu stellen. Heinrich scheute den offenen Konflikt, und so übergab er das Kind Otto III. am 29. Juni 984 im thüringischen Rohr dessen Mutter und Großmutter.

Zwei Jahre später feierte der sechsjährige Otto III. das Osterfest in Quedlinburg. Die vier Herzöge Heinrich der Zänker als Truchsess, Konrad von Schwaben als Kämmerer, Heinrich der Jüngere von Kärnten als Mundschenk und Bernhard von Sachsen als Marschall übten dort die Hofämter aus. Durch diesen Dienst demonstrierten die Herzöge dem jungen König nicht nur ihre Dienstbereitschaft – mehr noch versinnbildlichte der Dienst Heinrichs des Zänkers am Ort seiner zwei Jahre zuvor missglückten Machtübernahme seine vollständige Unterwerfung unter die königliche Gnade.

Als der junge König Otto III. später mündig wurde, sollte er in einer seiner ersten Urkunden die entscheidenden Weichen für die weitere Entwicklung Quedlinburgs hin zu einer Stadt stellen.

Die Stadtgründung im Jahr 994

Am 23. November 994 ließ König Otto III. in einer Urkunde mitteilen, dass er beschlossen habe, in Quedlinburg einen Markt einzurichten. Dabei sollen seine Tante und ihre Nachfolgerinnen als Äbtissinnen zum Wohle des Stiftes das Markt-, Münz- und Zollrecht innehaben, und zwar nach dem Vorbild der Städte Köln, Mainz und Magdeburg, allesamt Erzbischofssitze. Kein anderer als der gewählte Vogt dürfe sich in die Rechte einmischen. Das Privileg des erwähnten Vogtes solle bis auf Weiteres der König selbst oder zumindest ein Mitglied der Familie der Liudolfinger ausüben. Darauf folgt in der Urkunde etwas Besonderes: Das genaue Gebiet des Marktes wird abgesteckt, was bis dahin in dieser ausführlichen Form nicht gemacht wurde. Als Grenzen des Marktgebietes werden dabei Flüsse genannt: im Osten die Saale, im Süden die Unstrut und die Helme, im Westen die Oker und im Norden das Moorgebiet »Großes Bruch« und die Bode. In diesem etwa 6000 Quadratkilometer großen Gebiet müssen nur die Marktrechte der schon bestehenden Märkte respektiert werden. Genannt werden die in Eisleben, Wallhausen, Rottleberode, Harzgerode, Halberstadt und Seligenstadt (dem heutigen Osterwieck).

Die Initiative zu dieser Rechtsverleihung ging von Fürsprechern aus, die in der Urkunde explizit genannt werden. Die Liste beginnt mit Ottos »geliebter Großmutter, der erhabenen Kaiserin Adelheid«, der zu dieser Zeit 63-jährigen Witwe Ottos I. des Großen. An zweiter Stelle wird in der Urkunde Ottos »liebe Tante Mathilde« genannt, die Tochter Ottos und Adelheids, die seit ihrem zwölften Lebensjahr als Äbtissin das Quedlinburger Stift leitete. Dritter und vierter in der Reihe sind Ottos Onkel Heinrich der Zänker und dessen Sohn Heinrich, der nach Otto III. als König und Kaiser Heinrich II. herrschen sollte. Zum Schluss wurden noch zwei Kleriker genannt, der Erzbischof Willigis von Mainz und Bischof Hildebald von Worms.

Otto III. war im September 994 auf einer Fürstenversammlung in Sohlingen bei Uslar für mündig erklärt worden, und die Errichtung des Quedlinburger Marktes gehörte zu den ersten Regierungshandlungen des 14-jährigen Königs. In der Urkunde wird Quedlinburg als »Metropole« bezeichnet, ein Begriff, der sonst nur für Bischofssitze verwendet wurde. Der konkrete Platz, auf dem der Markt stattfand, könnte schon im 10. Jahrhundert auf dem noch heute vorhandenen Marktplatz gelegen haben, wie archäologische Funde der Jahre 2011 bis 2013 nahelegen. Diese Ortskonstanz war in der Vergangenheit mehrfach angezweifelt worden. Der Platz scheint bereits in dieser frühen Phase mit einer Pflasterung aus Kies versehen worden zu sein. Um den Markt herum entwickelte sich die Quedlinburger Altstadt.

QUEDLINBURGER ANNALEN

Die Quedlinburger Annalen sind eine Mischung aus weltlichen Chroniken und klösterlichen Jahreseinträgen. Der Text wurde in zwei Phasen verfasst, zum einen zwischen 1008 und 1015, teilweise gleichzeitig mit den beobachteten Ereignissen, zum anderen nach 1020, vielleicht sogar erst 1030. Bei den Autoren könnte es sich um Frauen des Stiftes gehandelt haben, was aber schwer nachzuweisen ist. Der erste Teil enthält überwiegend Versatzstücke von frühmittelalterlichen Universalchroniken, wie Hieronymus, Beda oder Isidor. Diese waren den inzwischen verloren gegangenen Hersfelder und Hildesheimer Annalen entnommen, die für die Abfassung als Vorlage benutzt wurden. Die Autoren hatten ein besonderes Interesse an altgermanischen Sagen. Ab 702 erfolgten die Beschreibungen jahrweise. Ab dem Jahreseintrag zu 984 enthalten die Texte zeitgenössische Beobachtungen, die den wertvollsten Teil des ganzen Werkes bilden. Während der Autor viel Sympathie für Otto III. durchblicken lässt, ist er bei der Darstellung Heinrichs II. sehr streng. Diese Einstellung wird erst ab den Einträgen zum Jahr 1020 deutlich positiver. Bemerkenswert ist, dass die Namen für Litauen und Polen in den Annalen zum ersten Mal genannt werden. Überhaupt vermitteln die Einträge viele Informationen über die Situation in den slawischen Gebieten um die Jahrtausendwende.

Die Quedlinburger Annalen haben sich nur in einer einzigen Handschrift aus dem 16. Jahrhundert erhalten, die sich heute in Dresden befindet. Sie wurden auch von späteren Autoren, wie dem Annalista Saxo, für die Abfassung ihrer Chroniken benutzt.

Stadt und Stift im hohen und späten Mittelalter (1024–1540)

Entwicklung der Altstadt

Mit der Verleihung des Markt-, Münz- und Zollrechts 994 durch Otto III. setzte schon bald ein struktureller Wachstumsprozess ein, der im großflächigen Aufbau der Quedlinburger Altstadt seinen Ausdruck fand. Diese lehnt sich an zwei kleine Bachläufe links und rechts einer erhöhten und von diesen umflossenen Halbinsel an. Auf dieser Geländestufe wurden im 11. Jahrhundert Vorgängerbauten der Marktkirche und südlich davon im Jahr 1290 (urkundlich 1310 ersterwähnt) der steinerne Rathausbau errichtet. Der Marktplatz davor scheint seit der Mitte des 10. Jahrhunderts mit Flusskies befestigt gewesen zu sein. An seinem südwestlichen Ende ist seit der gleichen Zeit eine Prägestätte für Münzen nachgewiesen, an seinem nordwestlichen Ende der Ratskeller. Im Bereich nördlich des Marktes, im Umfeld der Straßen »In den Steinen« (ad lapidem, heute Dovestraße), »Breite Straße« und »Klink« kam es im 12. Jahrhundert zu einem Großbrand, in dessen Folge die heutigen Straßenfluchten errichtet wurden.

Östlich des Marktes, so am »Klink« und im Bereich von »Hölle«, »Pölle« und »Stieg«, lagen in einem ehemals morastigen Auengelände feste Sandbänke. Im 13. Jahrhundert wurden auf diesem Grund einige Gebäude errichtet. Im östlichen Bereich der »Jüdengasse« konnte man archäologisch Grubenhäuser nachweisen, also Häuser, die zum Teil in den Boden eingetieft sind und deren obere Hälften aus dem Untergrund ragen. Diese waren im 11. Jahrhundert bewohnt, wurden aber spätestens im 13. Jahrhundert wieder verlassen, und die Straße fiel wüst. Sie wurde in der Folge als Dovestraße (dove = taub, leer) bezeichnet. Gegen Ende des 13. Jahrhunderts wurden hier zehn jüdische Familien angesiedelt.

Das Gebiet südöstlich des Marktes ist im Spätmittelalter fortdauernd entwässert worden, worauf die Straßennamen »Pölle«, »Stieg« und »Word«, aber auch die »Steinbrücke« hinweisen. Letztere ist ein über 100 Meter langer Großbau aus dem 12. Jahrhundert. Heute liegt die Brücke zwei Meter unter der Oberfläche im Kellerbereich der später aufgefüllten Nachbargrundstücke, die dann mit Häusern überbaut wurden. Entlang der nach Norden fließenden beiden Arme der »Fleite« genannten Bäche, deren Verlauf im aktuellen Straßenpflaster des Marktes wieder abgebildet ist, entstanden die Schmale und die Breite Straße. Ihre Ausrichtung ist durch die Bachsituation geprägt worden. Die gesamte Altstadt ist nicht an der wilden Bode, sondern am sogenannten Mühlengraben, einem künstlichen Wasserlauf, der sich an einem Altarm der Bode orientierte, errichtet. Dies war aus Gründen des Hochwasserschutzes notwendig. Entlang des Mühlgrabens standen im Mittelalter zehn Mühlen, aber auch einige Badehäuser und das Viertel der Gerber, die für ihr Handwerk viel Wasser benötigten.

Salische Äbtissinnen

Nach dem Tod ihrer Tante, der Äbtissin Mathilde, am 7. Februar 999 wurde Adelheid, die 22-jährige Tochter Kaiser Ottos II. und Theophanus, zu deren Nachfolgerin gewählt. Am Michaelistag desselben Jahres wurde sie von Bischof Arnulf von Halberstadt in Gegenwart anderer Bischöfe und vieler weltlicher Großer zur Äbtissin geweiht. Während ihrer langen, 45 Jahre währenden Amtszeit (999–1044) wurde 1021 der Neubau der Stiftskirche abgeschlossen und ihre Altäre in Gegenwart des Kaisers Heinrich II. durch Bischof Arnulf von Halberstadt, Erzbischof Gero von Magdeburg und andere Bischöfe geweiht.

Ihre Nachfolgerin als Äbtissin wurde 1044 Beatrix I., die einzige Tochter Kaiser Heinrichs III. aus seiner ersten Ehe mit Gunhild von Dänemark. Seit 1043 war Beatrix bereits Äbtissin des Stifts Gandersheim und später auch Äbtissin des Stifts Vreden. Nach ihrem Tod wurde sie in Quedlinburg begraben, ihre Gebeine müssen aber nach der Brandkatastrophe der Stiftskirche 1070 umgebettet worden sein. Eine bleierne Beinkiste, die aufgrund der Inschrift mit hoher Sicherheit Beatrix zugeordnet werden kann, findet sich bis heute im Kloster Michaelstein. In Quedlinburg erinnert eine Grabplatte aus der Zeit der Kirchenneuweihe 1129 an die Äbtissin.

Im Jahr 1063 wurde dann Adelheid II., die älteste Tochter Kaiser Heinrichs III. aus dessen zweiter Ehe mit Agnes von Poitou, zur Äbtissin geweiht. Sie war – wie ihre Halbschwester Beatrix – ebenfalls Äbtissin von Gandersheim. In ihre Amtszeit fällt die Zerstörung der beiden bedeutenden Stiftskirchen durch Großbrände 1071 in Quedlinburg und 1081 in Gandersheim. Dazu schrieb der Chronist Lampert von Hersfeld: »Der König feierte Ostern in Hildesheim … Himmelfahrt in Quedlinburg und Pfingsten in Merseburg. Das hochehrwürdige Münster in Quedlinburg geriet mit allen Nebengebäuden, man weiß nicht, ob durch göttlichen Racheakt oder durch unglücklichen Zufall, in Brand und wurde vollständig eingeäschert.«

In die Zeit kurz nach dem Brand fällt der Ausbau von Beziehungen zu den polnischen Königen, die unter den Ottonen mit den dortigen Herrschern Mieszko I. und Bolesław I. angebahnt worden waren. Diese Kontakte scheinen im 11. Jahrhundert noch stärker geworden zu sein. So feierte im Jahr 1085 der polnische Herzog Władysław I. Herman Ostern in Quedlinburg, wo auch der Legat des Papstes in der Osterwoche eine allgemeine Synode mit den Erzbischöfen, Bischöfen und Äbten auf feierliche Weise abhielt. Władysław I. Herman hatte seit 1073 einen Sohn mit einer namentlich nicht bekannten Frau aus Pommern. Da die Ehe nach slawischem Ritus geschlossen worden war, galt der Sohn Zbigniew für die katholische Kirche als unehelich. Nachdem Władysław I. im Jahr 1080 Judith von Böhmen geheiratet hatte, drängte diese 1087 darauf, dass Zbigniew enterbt und ins Kloster geschickt werde. In der Chronik heißt es dazu: »Zbigniew, der von Herzog Wladislaw mit einer Konkubine gezeugte war, wurde also in der Stadt Krakau, als er dem Alter nach schon herangewachsen war, dem Schulunterricht übergeben, und seine Stiefmutter schickte ihn nach Sachsen in ein Nonnenkloster zur Erziehung.« Das Kloster, in das Zbigniew kam, war das Stift in Quedlinburg. Als sich 1092 in Polen Widerstand gegen Herzog Władysław I. erhob, wurde dessen verstoßener Sohn Zbigniew aus dem Kloster entführt und nach Schlesien gebracht. Vier Jahre darauf wurde er von seinem Vater legitimiert und zum Thronfolger ernannt.

Insgesamt war es in Quedlinburg in dieser Epoche alles andere als ruhig: Markgraf Ekbert II. von Meißen hatte sich 1076 an der Fürstenopposition gegen Kaiser Heinrich IV. beteiligt. Dieser hatte im August 1088 Ekberts Burg Gleichen in Thüringen belagert. Nun begann auch Ekbert, mit Schwert und Feuer ringsum alles zu verwüsten und die Burg Quedlinburg, in der sich die Schwester des Kaisers, Äbtissin Adelheid, und dessen Braut befanden, zu belagern. Der Kaiser schickte zu deren Befreiung einen Teil seiner Truppen. Einer kurzen chronikalischen Notiz bei Bernold von Konstanz zufolge soll Äbtissin Adelheid im Jahr 1090 schließlich die Ermordung des Markgrafen Ekbert II. von Meißen in einer nahegelegenen Mühle im Selketal veranlasst haben. Es ist nicht ganz klar, was genau geschah, nachdem Adelheid selbst fünf Jahre später verstarb. Als gesichert gilt die Besetzung des Äbtissinnenstuhls erst wieder 1110: Nachdem Herzog Władysław I. Herman im Jahr 1089 Judith von Ungarn, die Tochter Kaiser Heinrichs III. und Witwe König Salomons von Ungarn, geheiratet hatte, gingen aus dieser Ehe zwei weitere Kinder hervor: Agnes und Adelheid. Die ältere der beiden Töchter, Agnes I., war zwischen 1110 und 1125/26, wie ihre Tanten, Äbtissin der Stifte Gandersheim und Quedlinburg. Danach ging die Bedeutung des Damenstiftes für die Herrscherfamilien stetig zurück und die Äbtissinnenposten wurden nicht mehr mit Töchtern aus dem höchsten Herrscherhaus besetzt. Der Ort verlor seine Bedeutung als bevorzugte Osterpfalz der Herrscher.

Gründung der Neustadt

Die Quedlinburger Äbtissinnen haben den Verlust der Bedeutung ihres Stiftes und ihrer Stadt nicht tatenlos hingenommen: Nachdem zu Beginn des 12. Jahrhunderts einige verheerende Überschwemmungen, wie die Julianenflut 1164, an der Nordseeküste viel Land gefordert hatten, warben verschiedene Herrscher in Mitteldeutschland holländische und flämische Siedler an, um sie in ihren Gebieten anzusiedeln. Auch die Quedlinburger Äbtissinnen haben dies getan. Wohl um den Neuankömmlingen die Region schmackhaft zu machen, wurde östlich der Altstadt eine Neustadt geplant. Auf dem heute um den sogenannten »Mathildenbrunnen« gelegenen Areal siedelten sowohl die aus den fernen Küstenstrichen hinzugezogenen Neubürger wie auch solche aus der unmittelbaren Umgebung. Die Neustadt, deren zentrale Pfarrei sich um die St.-Nikolaikirche konzentrierte, scheint zwei besondere Funktionen gehabt zu haben: Die Neubürger aus den Nordseegebieten brachten die Fähigkeit zu gestaltendem Wasserbau mit, mit anderen Worten: Sie konnten Dämme und Grabensysteme errichten, wovon bis heute der »Holländergraben« zeugt. Daneben waren sie aber auch in der Textilproduktion bewandert. In der nördlichen Hälfte der Neustadt lassen sich eine ganze Reihe von ehemaligen Produktionsschritten des Textilgewerbe nachvollziehen; nicht zuletzt in den Straßennamen »Weberstraße« oder im »Nobben«, einer speziellen Art, aus gewebten Textilien die Knoten herauszukämmen, ist dieses Gewerbe überliefert.

In der südlichen Hälfte der Neustadt scheint ein stärkerer Schwerpunkt auf der Produktion tierischer Lebensmittel gelegen zu haben, wovon neben dem Schweine-, Gänse- und Kuhhirtenturm auch der Fohlenhof oder die Pölkenstraße zeugen. Letzteres ist eine alte Bezeichnung für Schweine. Die zentrale Achse der Neustadt ist bis heute der Steinweg, der die Altstadt mit dem Öhringer Tor verbindet und von dem die Pölkenstraße am ehemaligen Neustädter Markt nach Süden abzweigt. In der Frühzeit, also bis zum beginnenden 14. Jahrhundert, verfügte die Neustadt über einen eigenen Rat und eigene Gilden. Ab 1330 vereinigte sich der Rat der Altstadt mit jenem der Neustadt, und auch die Gilden schlossen sich zusammen. Die Ackerleutegilde hatte ihr Gildehaus in der Neustadt. Im Norden, außerhalb der Stadtmauer, schloss sich der Kleers an die Neustadt an, auf dem bis ins 16. Jahrhundert Torf gestochen wurde. Dies zeigt, dass die gesamte Gegend einmal ziemlich feucht, ja morastig gewesen sein muss. Am Mühlgraben nördlich des Kleers reihten sich fünf der insgesamt zehn Mühlen auf, die teilweise als Mehl- und Ölmühlen, aber auch als Walkemühlen bei der Textilproduktion benutzt wurden.

In der Neustadt lebten etwa zwei Fünftel aller Einwohner der Stadt. Durch den Zusammenschluss der »beiden Städte Quedlinburg« wie sie sich künftig nannten, verdoppelte sich die Größe dieses urbanen Gebildes. Auf dem Neustädter Markt war früh ein Rathaus errichtet worden, welches bis ins 19. Jahrhundert für unterschiedliche Zwecke genutzt und dann abgerissen wurde. Heute kann man die Umrisse anhand einer besonderen Straßenpflasterung nachvollziehen. In der Neustadt lässt sich noch an der Rückseite der Bahnhofsstraße angesichts des längsten erhaltenen Teilstücks der Stadtbefestigung deren ehemaliger Wehrcharakter erahnen.

DER SCHATZ AUF DER PFANNENWIESE – STIFTUNG DER NIKOLAIKIRCHE

Eine alte Sage berichtet Erstaunliches über den Beginn der Nikolaikirche: Zwei Sauhirten – oder nach einer anderen Überlieferung zwei Schäfer – hüteten am linken Ufer der Bode unweit der Sautränke und des vom Steinholz kommenden Baches zwischen Ditfurt und Quedlinburg ihre Herde. Da wühlten die Schweine eine große Braupfanne mit Gold auf. Von diesem Schatz ließen die Hirten die Nikolaikirche bauen. An den beiden Türmen des Gotteshauses sind – nachweislich freilich erst seit 1668 – zwei Hirten mit ihren Hunden als Wahrzeichen in Stein ausgehauen. Der Schatz soll so groß gewesen sein, dass die Finder wiederholt einen Esel haben damit beladen müssen, dessen Gerippe, ebenso wie einige Kleidungsstücke der freigebigen Stifter noch lange in der Kirche aufbewahrt und zu sehen gewesen sein sollen. Im 19. Jahrhundert wurde der Schädel des Esels in die Sammlung der städtischen Museen überführt. Heute sind sämtliche Stücke aber verschollen. Im Jahr 2004 wurden auf der Pfannenwiese allerdings archäologische Grabungen durchgeführt, bei denen mehrere Reste von dort versteckten römischen Bronzefiguren entdeckt wurden, die einen römischen Hortfund bildeten. Auch die beiden Hirten könnten im 13. Jahrhundert Reste eines antiken Hortfundes entdeckt und ausgegraben haben – allerdings mit einem mehr wirtschaftlichen als archäologischen Interesse.

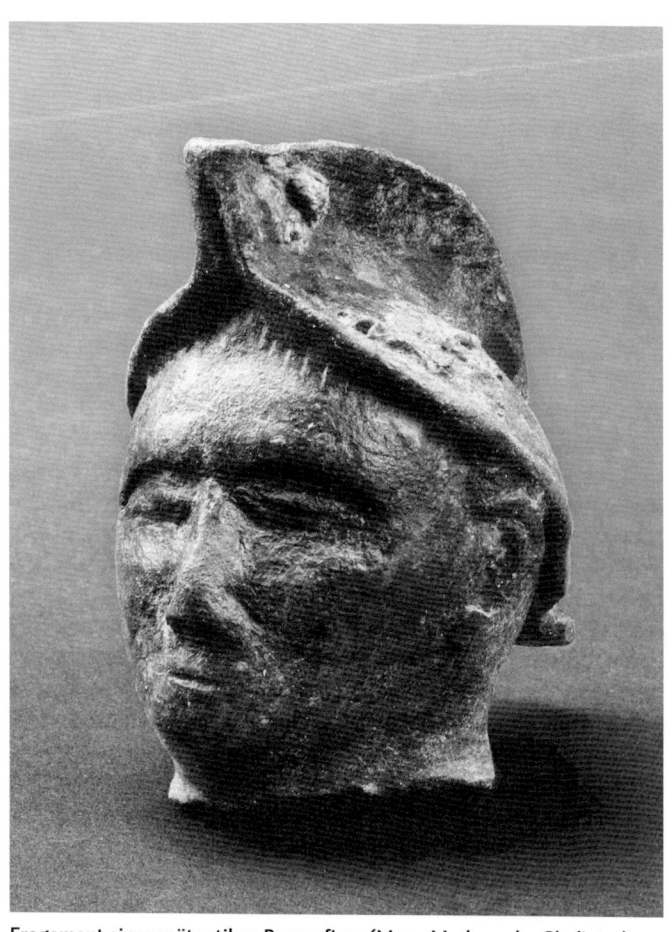

Fragment einer spätantiken Bronzefigur (Mars, Merkur oder Gladiator) von der Pfannenwiese.

Städtisches Selbstbewusstsein

Das sich entwickelnde städtische Selbstbewusstsein führte zur Errichtung einer größeren Zahl von städtischen Bauten, die der Selbstverwaltung und der Verteidigung dienten. Im Jahr 1289 wurden die Fichten gefällt, die auf den neuerrichteten steinernen Rathausbau in der Altstadt als Dachstuhl aufgesetzt wurden und dessen Hölzer sich jahrgenau datieren lassen. Demzufolge zählt das Quedlinburger Rathaus zu einem der ältesten noch genutzten Rathäuser in Deutschland. Es dauerte ab der Erbauung noch einmal 20 Jahre, bis das Rathaus auch in den urkundlichen Quellen zum ersten Mal erwähnt wurde. Sein Eingang lag damals übrigens nicht an der Seite zum Marktplatz, wo heute eine große, repräsentative Treppe hinaufführt, sondern an der vom Markt aus gesehen linken Seite hinter dem kleinen Türmchen. Der Eingang wurde verlegt, als der Rathausbau zwischen 1613 und 1615 im Renaissancestil umgebaut wurde. 1899/1900 wurden die Erweiterungen des neuen Treppenhauses und der Flügelbauten angebaut. Dabei wurde auch der große Ratssaal mit sechs Gemälden von Otto Markus (1863–1952) ausgestaltet, die typische Szenen der Quedlinburger Stadtgeschichte zeigen. Auch die dabei eingebauten Glasfenster wurden von dem weit über die Region bekannten Glasmacher Ferdinand Müller (1848–1916) gefertigt.

Die Rolandstatue, die heute neben dem Türmchen steht, befand sich im Mittelalter ganz woanders. Sie stand mitten auf dem Markt, etwa acht Meter vor dem Haus Markt 5, das damals das Gildehaus der Gewandschneider gewesen ist. Bei archäologischen Grabungen konnten 2013 die ehemaligen Fundamente nachgewiesen werden. 1477 hatte die Äbtissin dieses Symbol der Freiheit der Gewandschneidergilde zerstören lassen. Die Reste lagerten dann fast vier Jahrhunderte im Keller des Rathauses, bis sie 1869 am heutigen Standort aufgerichtet wurden.

Die Silhouette der Stadt Quedlinburg besticht heute durch einige sehr gut erhaltene Stadttürme. Ursprünglich bestand die Stadtbefestigung aus einer Stadtmauer, einem vorgelagerten Graben, sieben Stadttoren, 28 Halbschalentürmen und einer Anzahl Bastionen. Im Ganzen waren es 44 steinerne Befestigungsanlagen. Die Stadtmauer der Altstadt hatte eine Länge von mindestens 2290 Metern, die Stadtmauer der Neustadt war etwa 1570 Meter lang. Insgesamt waren rund 50 Hektar durch Mauern mit einer Höhe zwischen sechs und sieben Metern geschützt. Alle Gänge an der Innenseite der Ringmauer waren frei und unverbaut zu halten, damit die Mauer auf der

Der Marktplatz mit dem ursprünglich gotischen, im frühen 17. Jahrhundert im Stil der Renaissance umgebauten Rathaus.

Innenseite einmal umrundet werden konnte. Dies diente ebenso der Verteidigung wie dem Brandschutz. Die Stadttore waren wohl ursprünglich größtenteils als Doppeltoranlagen ausgebildet, wurden jedoch später in Einzeltore umgewandelt. In die Altstadt führten im Süden das Hohe Tor, im Norden das Gröperntor, im Südosten das Marientor und im Osten das Bockstraßentor. In die Neustadt führten das Pölkentor im Süden, das Kaisertor im Südosten und das Öringertor im Osten. Daneben gab es an verschiedenen Stellen kleine Zugangspforten. Zentral für die Verteidigung war die Türmerstube auf dem Turm der Marktkirche. Von dort bietet sich auch heute noch ein einmaliger Blick auch auf das Quedlinburger Umland, der auch früher schon gern genossen wurde, wie die vielen frühneuzeitlichen Graffiti im Turmaufgang zeigen.

In der unmittelbaren Feldflur stehen bis heute sechs von einst elf Feldwarten, die an neuralgischen Punkten des ehema-

Aktuelle Ansicht des Quedlinburger Rathauses.

ligen Landgrabens errichtet worden sind. Einige dieser Feldwarten sind mittlerweile durch Treppen wieder begehbar, wie
die Altenburgwarte, die Bicklingswarte, der Lethturm (nur
durch Leiter), die Seweckenwarte oder die Steinholzwarte.

Von den Feldwarten wurden im Notfall Signale an den
Türmer auf dem Marktkirchturm gegeben, der entsprechend
die Stadtbürger informierte, die ihrerseits reagieren konnten.
In größter Gefahr befand sich die Stadt ausgerechnet durch
einige ihrer Schutzherren – die Grafen von Regenstein.

Von den »Raubgrafen« und Till Eulenspiegel

Im Schlossmuseum steht ein beeindruckender Holzkasten, der
sogenannte Raubgrafenkasten mit einer Länge von 2,75 Metern, einer Breite von 2,35 Meter und einer Höhe von zwei

Fachwerkbauten in der Hohen Straße 18 und 19, unmittelbar hinter dem ehemaligen Hohen Tor.

Metern. Die verwendeten Holzbohlen sind acht Zentimeter stark und die Türöffnung 42 x 60 Zentimeter klein. Die feste Verschließbarkeit der Eingangsluke deutet auf eine ursprüngliche Funktion als Schaugefängnis. Die einzige erhaltene Ausstattung im Inneren ist ein nach unten zu entleerender hölzerner Abortsitz. Der Kasten stellt in Quedlinburg die einzige erhaltene Bohlenstube, also eine allseitig mit Holzverkleidung ausgestattete Räumlichkeit, dar. Schon vor längerer Zeit hat sich die Sage entwickelt, der 1348 getötete Graf Albrecht II. von Regenstein-Heimburg (1293–1348) sei in diesem Kasten im Jahr 1336 in Gefangenschaft gewesen. Neuere und genauere Forschungen erbrachten aber, dass sein Bruder Bernhard I. (1310–1368) wohl vier Jahre lang inhaftiert gewesen war. Bernhard war ein Fehde- und Raubgenosse des Knappen Tile von Kneitlingen (1336–1351), der historischen Ursprungsfigur des bekannten Till Eulenspiegel.

Wer waren nun diese »Raubgrafen« von Regenstein-Heimburg und was hat es mit ihnen auf sich? Ihr Ahnherr (wie der der stammesgleichen Grafen von Blankenburg) war Siegfried von Blankenburg (1142–1172), ein Vasall Heinrichs des Löwen. Die Grafen Albrecht II. und Bernhard I. waren die Vögte des reichsunmittelbaren Stiftes Quedlinburg und lagen in permanentem Konflikt mit den Quedlinburger Stadtbürgern und dem Bischof von Halberstadt, Albrecht II. von Braunschweig (1294–1357). Als es 1332 der Halberstädter Kirche gelungen war, die Grafschaft Falkenstein von dem söhnelosen Grafen Burchard IV. von Falkenstein zu kaufen, wurden damit die Ansprüche Albrechts II. von Regenstein, des angeheirateten Schwagers des Grafen Burchard IV., übergangen. Gegen diese Verletzung ihres Erbrechtes klagten die Grafen beim Bischof und verbündeten sich mit den anderen Harzgrafen – Bernhard III. von Anhalt, Graf Konrad von Wernigerode, den Grafen von Mansfeld und Hohnstein – und den Fürsten von Anhalt gegen den Bischof von Halberstadt und dessen Verbündete. In diesem Streit kam es zu so großen Schäden, dass sich 1335 mehrere Städte zu einem dreijährigen Bündnis zusammen taten: Es waren dies Goslar, Braunschweig, Halberstadt, Quedlinburg und Aschersleben. Zunächst hatten die Grafen zwar die Burg und Stadt Hettstedt erobert und Sperrbefestigungen rund um Quedlinburg errichtet, sie wurden aber schließlich doch von Bischof Albrecht II. von Halberstadt besiegt.

Im Jahr 1335 kam ein Frieden zustande, aber bereits im folgenden Jahr bahnte sich neuer Ärger an: Obwohl es den Regensteiner Brüdern misslang, die Quedlinburger unter ihrem Stadthauptmann zu überrumpeln, gelang es ihnen, sämtliches Vieh und über 100 Pferde der Quedlinburger fortzutreiben und viele Kirchen und Klöster im Bistum Halberstadt zu plündern. Trotzdem errangen die Quedlinburger am Kilianstag (7. Juli) 1336 einen Sieg über die Regensteiner an der Gersdorfer Burg. Infolgedessen wechselten die Grafen von Hohnstein und die Grafen Wernigerode die Seiten. Ob dabei einer der Regensteiner gefangen gesetzt wurde, ist eher zu bezwei-

Der so genannte Raubgrafenkasten aus dem 14. Jahrhundert.

feln. Die Quedlinburger haben dennoch einiges an Beute mit nach Hause gebracht. Diese ruhmvollen Beutestücke werden dort bis heute den Gästen gezeigt.

In den folgenden Jahren kam es zu verschiedenen Friedensschlüssen und Sühneabkommen. In einer Urkunde von 1339 siegelte im Gefolge der Regensteiner auch der Knappe Hans von Vlote. Dieser war einer der Kumpane des Tile von Kneitlingen, der historischen Vorlage für Till Eulenspiegel. 1340 kam es erneut zu Kampfhandlungen zwischen den Regensteiner Brüdern und dem Bischof von Halberstadt, die 1343 mit einem Friedensschluss beendet wurden. Auch dieser Friede hielt nicht lange, denn 1344/45 brachen erneut kriegerische Handlungen aus: Diesmal wurde Graf Bernhard von Regenstein von den Bürgern der Stadt Mühlhausen gefangengenommen und fast vier Jahre »in Haft gefesselt gehalten«. Wahrscheinlich ist er von den Mühlhäusern nach Quedlinburg überstellt worden. Sein Bruder Albrecht kam 1348 bei einem Mordanschlag ums Leben. Der Insasse des Raubgrafenkastens ist damit nicht der in den Quellen als verschlagen, arglistig und

DIE QUEDLINBURGER BALLISTE

Seit Anfang des 18. Jahrhunderts bekommen Besucher Quedlinburgs Waffenteile gezeigt, die als Beutestücke der großen städtischen Selbstständigkeit im Kampf gegen die Grafen von Regenstein vermarktet werden. Auch heute noch kann man im Schlossmuseum die sogenannte Quedlinburger Balliste (= Wurfmaschine) sehen, die 1336 bei der Erstürmung der Burg Gersdorf zusammen mit anderen Trophäen, wie dem Schwert des Regensteiner Grafen, erobert worden sein sollen. Die erste Nachricht über diese ehemals hochmoderne Waffentechnik stammt aus einem Reisebericht des Jahres 1709, als der Frankfurter Ratsherr Zacharias Conrad von Uffenbach schrieb: »... stund auf einer eigenen Maschine oder Fuß, eine gewaltige Armbrust, deren sie sich mit kurzen, und stark mit Eisen beschlagenen Pfeilen bedient haben.« Von Uffenbach schnitt damals auch den vor ihm liegenden Bogen mit einem Messer an, um festzustellen, dass er »aus Fischbein sei und nicht aus Holz«. Diese Aussage wurde aber mittlerweile widerlegt, denn nach einer Untersuchung der Staatlichen Museen zu Berlin im Jahr 2002 besteht der Bogen aus tierischem Horn.

Heute wird die Balliste in einer Kombination mit dem 1,58 Meter langen Hornbogen gezeigt, obwohl beide gar nicht zusammen gehören, denn der Bogen ist für die Balliste viel zu klein. Er wird mittlerweile als Reflexbogen angesehen und war Bestandteil einer großen Wallarmbrust. Dagegen ist der ursprüngliche Bogen verloren. Neben den Resten der Balliste und dem Hornbogen gibt es noch eine Spann- oder auch Ziehbank, um Sehnen auf Armbrustbögen zu spannen. Weltweit existieren von solchen Spannbänken nur noch vier weitere Exemplare. Das Holz der Spannbank wurde allerdings erst 1345 geschlagen, womit sie nicht bei der Erstürmung der Gersdorfer Burg 1336 erbeutet worden sein kann. Immerhin die Balliste kann in dem Jahr erbeutet worden sein, denn ihr Holz wird in die Jahre 1334/35 datiert.

tückisch bezeichnete Albrecht II. gewesen, sondern dessen Bruder Bernhard I. Auch eine andere Nachricht, nach der die Regensteiner sieben Türme an der Westseite der Altstadt hätten errichten müssen, erweist sich bei genauerem Hinsehen als dramatische Zutat späterer Chronisten. Aufgrund von Inschrif-

Der im 14. Jahrhundert an der Stadtmauer der Altstadt errichtete Schreckensturm. Er diente einst als Wehrturm und Gefängnis.

ten lässt sich eine solche Sühneleistung zwar tatsächlich nachweisen – aber bereits im 13. Jahrhundert in Goslar und nicht im 14. Jahrhundert in Quedlinburg.

Von den Türmen an der Westseite der Quedlinburger Altstadt ist der mächtigste der sogenannte Schreckensturm. Dieser müsste sich eigentlich, wenn er zeitnah im Auftrag der Grafen errichtet worden wäre, in die erste Hälfte des 14. Jahrhunderts datieren lassen. Das Holz für die Deckenbalken in dem Turm wurde aber erst 1388 geschlagen und danach verbaut. Die fortifikatorische Aufwertung der Stadtmauer an der westlichen Altstadt geht damit nicht auf die Regensteiner zurück, sondern ist als eigenständige bürgerliche Leistung der Quedlinburger des ausgehenden 14. Jahrhunderts zu werten.

Hunger und Pest

Als die Pest über Quedlinburg hereinbrach, war das für die Stadt ein sehr einschneidendes Ereignis und es hat lange gedauert, bis mit der Einrichtung eines Pesthofes außerhalb der Stadtmauer 1680 eine wirksame Gegenmaßnahme gegen die regelmäßig wiederkehrenden Epidemiewellen gefunden wurde. Der Pesthof verhinderte als zwischengeschaltete Barriere durch Isolation, dass die Krankheit von Fremden in die Stadt getragen werden konnte. Er scheint diese Funktion sehr gut erfüllt zu haben, denn während 1681 über 2000 Personen an der Pest im benachbarten Halberstadt starben, blieb Quedlinburg von der Seuche verschont.

Nicht wie bisher vermutet die Pest, sondern eine europaweit gut belegte Hungersnot ist für die Jahre 1313 bis 1316 auch in Quedlinburg nachzuweisen. Die in den Chroniken immer wieder auftauchende Zahl von 4000 Toten für die Pestwelle von 1348 bis 1351 ist bei einer Gesamtzahl von 750 Haushalten aber deutlich zu hoch. In den Chroniken werden weitere Pestwellen in den Jahren 1361/62, 1441 und 1473 genannt. Doch erst die Epidemie der Jahre 1484 bis 1486 ist auch durch andere Quellen abgesichert. In der Zeit nach der Reformation kam es 1567 zu 2500 Toten, 1577 und 1598/99 zu jeweils über 1200. In der ersten Hälfte des 17. Jahrhunderts forderten Epidemien 1611 über 300 Menschenleben, 1626 wiederum 2500 und 1636 über 700. Zum ersten Mal erfolgreich abgewendet wurde die Pest im Jahr 1681. Die Gefahr des Schwarzen Todes 1712/13, die andere Städte heimgesucht hatte, ist an Quedlinburg vorübergegangen und hat ihren Ausdruck lediglich in einer Pestverordnung gefunden.

Kirchen, Klöster und Kapellen

Franz von Assisi hatte 1215 den Franziskanerorden gegründet. Gegen 1240 entstand im Norden der Quedlinburger Altstadt ein Kloster der Barfüßer, das urkundlich erstmals 1257 erwähnt wurde. Das Gelände des Klosters wurde wiederholt als überre-

gionaler Versammlungsort bei Schlichtungs- und Sühnever-
handlungen gewählt. Die Franziskanermönche erhielten durch
Schenkungen umliegende Parzellen und vergrößerten so die
Grundfläche ihres Klosters beträchtlich. 1349 wurde von der
Stadt die Erlaubnis zur Errichtung eines Turmes im Bereich der
Stadtmauer gegeben. Über die wirtschaftliche Lage ist nur wenig bekannt, sie scheint aber nicht so schlecht gewesen zu sein,
denn das Kloster konnte zusammen mit anderen Klöstern Kre-
dite vergeben, so 1505 an die Magdeburger Altstadt.

Im Laufe der Reformation mussten die Mönche anscheinend das Kloster verlassen. Dessen Besitz wurde von der Äbtissin eingezogen. Einige Reliquien waren bereits 1517 abhanden
gekommen; die restlichen Kleinodien gingen bei der Plünderung im Bauernkrieg 1525 verloren. Bereits 1540 wurde auf
dem Gelände eine Lateinschule eingerichtet. Die ungenutzten
Gebäude des Klosters wurden als Steinbruch und Material-
spender genutzt, während die Kellerräume bis in das 18. Jahrhundert als städtische Wein- und Bierkeller mit angrenzendem
Brauhaus genutzt wurden.

Das Augustinerkloster in der Quedlinburger Neustadt wur-
de 1295 als zweites Tochterkloster des Klosters Himmelpforten
gegründet. Am 15. Januar 1300 wies Papst Bonifaz VIII. eine
Forderung der Franziskaner zurück, diese Niederlassung der
Augustiner niederzureißen, weil sie in weniger als 140 Ellen
Mindestabstand von ihrem Kloster errichtet worden war. Bereits in seiner Frühzeit brachte das Kloster seinen berühmtesten
Vertreter hervor, den spirituellen Schriftsteller und Prediger
Jordanus de Quedlinburg (um 1300–1370/80). 1317 kauften
die Mönche an der Rückseite des Steinweges einen halben Hof
mit dem davor liegenden Platz. Später wurde die Straße nördlich des Klosters als »Augustinern« bezeichnet. Die Anlage befand sich auf der Parzelle Augustinern 88. Im Jahr 1371 wurden
die Gebäude vergrößert. Das Kloster hat sich im 15. Jahrhundert wirtschaftlich gut entwickelt – so gut, dass es als Kreditgeber teilweise die Funktionen übernehmen konnte, die bis
dahin den jüdischen Familien vorbehalten waren. So lieh es
1499 zusammen mit anderen Klöstern dem Quedlinburger Rat
500 Gulden zu einem Zinssatz von fünf Prozent und war auch

Haus Grünhagen am Markt 2. – Ansicht von Wilhelm Steuerwald 1873.

bei der bereits erwähnten Kreditvergabe an die Magdeburger Altstadt mit dabei. Daneben war es dem Kloster gelungen, eine bedeutende Bibliothek, die sogar Luther sehr geschätzt haben soll, aufzubauen. Von dieser ist aber bis auf wenige Pergamentreste nichts mehr vorhanden. Eine Zeit lang lebte auch der spätere Bauernführer Thomas Müntzer (1488/89–1525) in dem Kloster. 1523 verließen die Mönche es zwar, aber auf Initiative des Herzogs Georg von Sachsen kehrten einige zurück. Die Auflösung des Klosters fand spätestens 1542 mit dem Verkauf der Kleinodien ihren Abschluss.

Am Anfang des 14. Jahrhunderts sind in Quedlinburg darüber hinaus Beginen nachweisbar. Dieser Begriff bezeichnet fromme Frauen, die ohne dauerndes Gelübde und approbierte Regel in klosterartigen Höfen unter einer Magistra/Martha ein geistliches Leben führten. Sie verbanden Selbstheiligung in Gebet, Kontemplation und Askese mit karitativen Tätigkeiten, finanzierten sich durch Stiftungsgut, Renten, Schenkungen,

Handarbeit oder gelegentliches Betteln und suchten geistliche Betreuung bei den Bettelorden. In Quedlinburg haben sie an verschiedenen Stellen Konvente eingerichtet, so im 14. Jahrhundert in der Nähe der St.-Ägidii-Kirche. Später finden sie sich im sogenannten »Konvent« in der Neustadt.

Daneben organisierten katholische Verbände wie Brüder- und Gildschaften die Wohltätigkeit sowie die Armen- und Krankenpflege. Die Kalandsbrüderschaften der Kleriker haben sich vermutlich in der Diözese Halberstadt herausgebildet, um sich im 14./15. Jahrhundert über ganz Nord- und Ostdeutschland auszudehnen. In den Einrichtungen trafen sich die Stadtgeistlichen am Ersten des Monats (kalenden) zur Beratung, zu geistlichem Tun und zu der typischen Geselligkeit. Aus den zunächst auf Geistliche beschränkten Gemeinschaften wurden später freie Bruderschaften, die darauf bedacht waren, dem Seelenheil verstorbener Mitglieder durch Organisation der Beerdigungen, Gebete, Seelenmessen, Prozessionen, Almosen und Armenspeisungen zu dienen. Sie nutzten verschiedene bestehende Einrichtungen, unter anderem die Wipertikirche, hatten aber auch eigene Kapellen südlich der Ritterbrücke und im Jahr 1326 die Kalandskapelle an der Marktkirche inne. Daneben gab es die Bruderschaften Corpus Christi und St. Annae, die Stellmacherbruderschaft in der Marktkirche, die Bruderschaft St. Blasii, die Gildschaftsbrüder in der St.-Ägidii-Kirche und die Bruderschaft Johannis der Fischer und Ackerleute in der St.-Nikolai-Kirche.

Die Marktkirche St. Benedicti, die bereits 1233 erwähnt wurde, ist eine dreischiffige spätgotische Hallenkirche mit einer frühgotischen Doppelturmfassade. Der imposante Dachstuhl bietet heute Großen Mausohrfledermäusen einen Rückzugsraum, so dass dieser Gebäudeteil als eigenes Flora-Fauna-Habitat unter Schutz gestellt werden musste. Das basilikale Langhaus wurde im ausgehenden 14. Jahrhundert neu angelegt und Ende des 15. Jahrhunderts zur Halle umgebaut. Die frühbarocke Umgestaltung fand 1663 statt und 1868/70 wurde der Innenraum umfassend restauriert. Die Kirche enthält die für Quedlinburg reichste Ausstattung mit einem spätgotischen Schnitzaltar, spätgotischen Kruzifixen und dem Barockaltar von 1700. Hinzu kommen die Kanzel von 1595, das Marmortaufbecken von 1648 und viele weitere Ausstattungsstücke des 16. bis 19. Jahrhunderts.

Die Kirche des heiligen Blasius in der südwestlichen Altstadt ist ein Barockbau, der in den Jahren von 1710 bis 1715 errichtet wurde. Die erste Kirche an dieser Stelle stand bereits vor dem Jahr 1222, und im beeindruckenden Westbau sind noch romanische Teile dieser Zeit erhalten. Die besondere Raumatmosphäre wird durch das Holz der Hufeisenempore geprägt, die von 1720 bis 1723 eingebaut wurde und über die sich eine beeindruckende Stuckdecke mit Rahmenwerken aus pflanzlichen Motiven wölbt. Im Altarraum befindet sich das monumentale Epitaph des Hans von Wulffen (1518–1581), eines Beamten des Damenstiftes, dessen Bruder Stiftshauptmann war und der die heutigen Gebäude auf dem nahegelegenen Fleischhof bauen ließ.

Die St.-Ägidiikirche im Norden der Altstadt ist eine dreischiffige spätgotische Hallenkirche, die wohl im 13. Jahrhundert begonnen und 1484 grundlegend umgebaut wurde. Die heutige Ansicht bietet das Bild eines Umbaus im Jahr 1678, bei dem das Langhaus unter Verwendung älterer Teile erneuert wurde. Die gotischen Schnitzaltäre, die spätmittelalterlichen und frühneuzeitlichen Epitaphe, das Kastengestühl von 1632 und die Hufeisenempore von 1712 geben dem Kirchenraum eine ganz eigene Atmosphäre. Auf dem Kirchhof finden sich barocke und klassizistische Grabmäler.

Der beeindruckendste Kirchenbau in der Neustadt ist jedoch zweifelsohne die St.-Nikolaikirche. Der Entstehungsmythos berichtet vom Schatzfund zweier Schäfer, der den Bau ermöglicht habe (s. S. 41). Der Bau der dreischiffigen Hallenkirche wurde im ausgehenden 13. Jahrhundert begonnen, denn die Hölzer des Dachstuhls der Kirche konnten mittlerweile datiert werden. Die Bäume wurden in drei Schlagphasen in den Jahren 1301, 1310 und 1314 gefällt und von den Waldgebieten im Harz nach Quedlinburg geflößt. Teile der Kirche sind aber noch romanisch, so der Westbau und die Ostwand des ehemaligen südlichen Seitenschiffes. Im Mittelschiff sind teilweise Reste der mittelalterlichen Wandmalereien sichtbar gewesen,

Die im ausgehenden 13. Jahrhundert errichtete Neustädter Kirche St. Nikolai mit ihren Zwillingstürmen.

die aber nach einem Brand in den 1990er-Jahren bei den Restaurierungsarbeiten überdeckt wurden. Der Blick aus dem Glockenstuhl in den begehbaren Türmen gehört zweifelsohne zu den schönsten, die man in Quedlinburg genießen kann.

Als letzte der einst relativ zahlreichen Kapellen hat sich die St.-Johannis-Kapelle in der Süderstadt erhalten. Ihre aus Stein erbauten Teile weisen noch romanische Elemente auf. Drei Muscheln deuten auf eine zeitweilige Funktion als Pilgerkapelle hin. Die Hölzer des Dachstuhls stammen von Bäumen, die im Jahr 1388 gefällt wurden.

Dominanz der Gewandschneider

Während des Spätmittelalters, in dem Quedlinburg als Stadt einen wirtschaftlichen und politischen Aufschwung nahm, waren, wie in Braunschweig oder Halberstadt, das Gewandschneider- und Kaufmannswesen besonders intensiv. Bereits im Jahr 1134 bestätigte Kaiser Lothar III., dass die Äbtissin den *mercatores lanei et linei panni* (den Händlern von Tüchern aus Wolle und Leinen) die jährlichen Abgaben erlassen habe. Gewandschneider hatten das Recht, von den fertig produzierten Tuchrollen Stücke abzumessen, zu schneiden und zu handeln. Sie waren im ganzen Mittelalter die wichtigste Gruppe innerhalb der Fernhändler. Sie organisierten sich in einer Innung, und nach einem Statut aus der Zeit um 1300 hatte jeder Fremde, der ihr beitreten wollte, der Altstadt eine Mark zu zahlen. Auch in der Neustadt gab es zunächst eine eigene Gewandschneiderinnung. Beide existierten nebeneinander, bis sie sich 1289 zu einer Innung zusammenschlossen.

Die Quedlinburger Gewandschneider besaßen ein hohes Maß an Autonomie; sie regelten ihre Angelegenheiten in eigenen Versammlungen, übten eine eigene Gerichtsbarkeit aus und kontrollierten den Geschäftsbetrieb ihrer Mitglieder. Besonders war ihr Finanzgebaren, denn aus ihren Einkünften und Gebühren sammelte die Korporation im Laufe der Jahre ein erhebliches Kapital an, das sie gewinnbringend mit Zinsen von acht bis zehn Prozent anlegen konnte. Zweifellos gehörten die Gewandschneider also zur städtischen Führungsschicht: Seit 1265 lässt sich der Rat in Quedlinburg nachweisen, und schon sehr früh stellten die Gewandschneider einen signifikanten Anteil an diesem. Mindestens die Hälfte des Rates war im 14. Jahrhundert mit Gewandschneidern besetzt. Die »Roland« genannte Statue, sichtbares Zeichen ihrer Autonomie, stand auf dem Markt, etwa acht Meter vom Innungshaus der Gewandschneider (Markt 5) entfernt; seine Fundamente konnten bei Grabungen 2013 nachgewiesen werden.

Auch im 15. Jahrhundert gehörte ein großer Teil des Rates zu den Gewandschneidern. Ein Aufstandsversuch im Jahr 1477 gegen die Äbtissin scheint von den Gewandschneidern

Die mittelalterliche Rolandstatue wurde Mitte des 19. Jahrhunderts wieder am Rathaus aufgestellt.

ausgegangen zu sein und nicht, wie bisher allgemein angenommen, vom Stadtrat. Die Äbtissin setzte sich allerdings mit Gewalt durch und ließ den »Roland« demonstrativ zerstören. Auch die Innungsbriefe der Gewandschneider sammelte sie ein und regelte alles neu. Im 16. Jahrhundert war der Anteil der Gewandschneider am Rat zwar noch spürbar, aber schon deutlich gesunken. Für das gesamte Spätmittelalter darf der Einfluss dieser Gruppe auf die städtische Politik jedoch nicht unterschätzt werden.

Die ältesten Fachwerkbauten

Die meisten Fachwerkbauten, die heute die Atmosphäre der Straßen in der Stadt prägen, stammen aus dem 16. und 17. Jahrhundert. Dies führte allgemein zu der Annahme, Gebäude aus dem Mittelalter hätten die Zeiten nicht überdauert. Neue technische Möglichkeiten zeigen aber, dass dies ein Irrtum war: In den letzten 20 Jahren wurde eine größere Zahl an Dachstühlen, Gebäudeteilen und ganzen Bauten identifiziert, die aus dem Spätmittelalter erhalten geblieben sind. Meist sind es kleinere, unscheinbare Bauten, aber auch die gewaltigen Dachstühle der verschiedenen Kirchen – wie der Marktkirche oder der Nikolaikirche – gehören dazu. Viele ältere Bauteile sind deshalb so schwer zu erkennen, weil sie häufig umgebaut wurden. Mit zu den ältesten Gebäudeteilen gehören die Häuser in der Zeile Klink 4–9, die von außen völlig unspektakulär aussehen. Oberflächlich betrachtet deutet nichts auf ein hohes Alter hin, im Inneren sind aber in großer Zahl gotische Steinbauteile, Türen oder Keller erhalten geblieben, die wiederholt um- und überbaut worden sind. Selbst Reste einer spätmittelalterlichen Bodenheizung konnten in den letzten Jahren entdeckt werden.

Das älteste bisher sicher datierte Fachwerkhaus in Quedlinburg ist der Klink 6/7. Die hier verbauten Fichtenbalken wurden im Winter 1288/89 geschlagen. Ursprünglich war das Gebäude 13 Meter lang, sieben Meter tief und dreieinhalb Meter hoch, aber im 17. und 19. Jahrhundert wurde es mehrfach wesentlich umgebaut, überformt und verstümmelt. Das nächste sicher datierte Gebäude ist die Hölle 11, deren Holz 1295 und 1301 geschlagen wurde. In dieser Zeit war die südöstliche Altstadt noch teilweise vom Ufersumpf des Bodemühlgrabens geprägt, wovon bis heute die Straßennamen »Hölle« (infer-

Die Johanniskapelle um 1900. Im 13. Jahrhundert wurde sie als Pilger-kapelle errichtet.

nus), »Pölle« (von Pfuhl/Pfahl) und »Stieg« (von Steg) zeu-gen. Aus dem 14. Jahrhundert sind weitere Gebäudeteile erhal-ten geblieben: Zum einen der vieldiskutierte Bau Wordgase 3, dessen Holz 1347 gefällt wurde, zum anderen der Sakristeian-bau an der Johanniskapelle etwas außerhalb der Altstadt. Hier konnte der Holzeinschlag in das Jahr 1388 datiert werden. Im Haus Reichenstraße 5 in der mittelalterlichen Neustadt hat sich ein Haustorso erhalten, dessen Hölzer 1358 gefällt worden sind. Die erhaltenen Hölzer der Gebäude Breite Straße 12/13 stammen von 1330 und die in der Breiten Straße 32 von 1398. Diese erhaltenen Beispiele der frühesten Häuser Quedlinburgs sind in ihrer ursprünglichen Holzkonstruktion fast vollständig erhalten, wie etwa beim Sakristeianbau an der Johanniskapelle. Andere sind ungewöhnlich stark überformt wie die Gebäude Klink 6/7. Auch wenn vom ältesten Hausbestand Quedlinburgs bisher nur wenige Reste gefunden worden sind, so sind die Bauforscher doch zuversichtlich, in Zukunft mit weiteren spektakulären Befunden aus dem 13. und 14. Jahrhundert rechnen zu können.

DAS »ÄLTESTE« HAUS: DER STÄNDERBAU IN DER WORDGASSE 3

Lange Zeit hindurch wurde das Haus in der Wordgasse 3 als ältestes Haus Mitteldeutschlands, wenn nicht gar ganz Deutschlands vorgestellt. Sehr altertümlich sieht es ja aus, mit den langen durchgehenden Ständern, die vom Erdboden direkt bis unter das Dach führen und als »Ständerbau« bezeichnet werden (s. S. 62/63). Sein Alter wurde als sehr hoch eingeschätzt, und man errichtete in seinem Inneren ein eigenes Museum zum Thema. Gegenüber späterem Gefachwerk, bei dem die Ständer etagenweise aufgesetzt werden, reichen sie hier ganz durch. Während beim Ständerbau die Länge der verwendeten Bäume die Höhe des Hauses begrenzt, sind beim Fachwerk deutlich höhere Hauskonstruktionen möglich. Einen Stadtbrand, der 1696 im Nachbarhaus ausbrach und dem damals fast zwei Dutzend Häuser zum Opfer fielen, hat das Gebäude aufgrund günstiger Windverhältnisse gut überstanden. Nach einem Brandanschlag, der in den 1990er-Jahren auf das Gebäude verübt wurde, zog es die nationale Aufmerksamkeit auf sich.

Mittlerweile konnte mit Hilfe von naturwissenschaftlichen Methoden das Alter des Holzbaus auf das Jahr genau bestimmt werden. Aufgrund einer entsprechenden Untersuchung steht nun das Alter der Holzkonstruktion fest: Sie entstand 1347. Das klingt zwar alt, es ist aber nicht das älteste seiner Art, denn allein in Quedlinburg sind schon mindestens 15 Hauskonstruktionen bekannt, die älter sind, obwohl sie oft nicht einmal die altertümlich anmutende Ständerbauweise aufweisen.

Der Ständerbau in der Wordgasse um 1893. – Errichtet im 14. Jahrhundert, galt er lange Zeit als ältestes Haus der Stadt.

Aufstand gegen die Äbtissin 1477

In der Vergangenheit wurde das Verhältnis zwischen der »aufstrebenden Stadt« und den Äbtissinnen oft dramatisiert. So steht in der Stadtchronik von 1922 (S. 195), dass »die Quedlinburger, verwöhnt durch das milde Verhalten der vorigen Äbtissinnen und die unverwehrten eignen Selbstständigkeitsbestrebungen, erbittert durch das herrische, eigensinnige Auftreten der Äbtissin Hedwig, immer widerhaariger wurden, ... Es mag wohl manch unberechtigter Eingriff in die Rechte der Äbtissin vorgekommen sein.« Von einem Frauenregiment, das die Stadt unterdrückt habe und auf den eigenen Luxus aus gewesen sei, ist da die Rede. Aber mit der Realität des Spätmittelalters hat dies vergleichsweise wenig zu tun. Natürlich gab es gegensätzliche Interessen: einerseits den Rat und die von ihm verwaltete Stadt in der Ebene und andererseits die Äbtissin, die Pröpstin und das Stift auf dem hoch über der Ebene thronenden Burgberg. Lange

Der Ständerbau heute. – Im Inneren informiert eine Ausstellung über die Geschichte des Fachwerks.

Zeit versuchte es der Rat mit unberechtigten Eingriffen und erzwungenen Zugeständnissen, bis im Jahr 1477 die Verhältnisse mit Gewalt neu geordnet werden mussten.

Der von den Gewandschneidern dominierte Stadtrat entschied, die Dächer des Stiftes mit Geschützen zu beschießen. Die Motivation dafür war eine rechtliche Frage, denn die Stadt sollte die 1442 verbriefte unbefristete Vogtei wieder an die Äbtissin zurückgeben. Das Verfahren lag bereits auf den Tischen der kaiserlichen Schiedsrichter; die Äbtissin hatte dafür von ihrem Stiftshauptmann ein Sündenregister der Ratsherren aufstellen lassen. Darin ging es überwiegend um Übertretungen in Rechtsfragen, etwa die Wahl der Bürgermeister oder die Bestätigung der Innungen. Ein Hauptquerulant im Verhältnis zwischen Äbtissin und Stadt war der Bischof von Halberstadt: Ihm sollte die Vogtei langfristig übergeben werden, obwohl die Grafen von Regenstein die eigentlichen Anrechte besaßen. Die Verhältnisse spitzten sich immer weiter zu, und am Ende wurde

Quedlinburg in der Nacht vom 24. zum 25. Juli 1477 von Truppen der Herzöge Ernst und Albrecht (der Brüder der Äbtissin) besetzt. Der Kampf fand unmittelbar unterhalb des Westendorfes vor dem Hohen Tor statt. Durch den überlegenen Ansturm der 400 geübten Reiter wurden die 200 Mann der Stadt Quedlinburg so niedergeworfen, dass sie 40 Tote zu beklagen hatten und sich eilends hinter das Hohe Tor zurückziehen mussten. Auf Seiten der sächsischen Angreifer waren außer einigen Pferden keine Toten zu beklagen, lediglich ein paar wenige Verwundete. Im weiteren Verlauf der Nacht wurde durch Verrat das Hohe Tor geöffnet. Die Stadt wurde erobert und geplündert, die aufrührerischen Ratsherren wurden verhaftet, einige sollen enthauptet worden sein, und der »Roland«, das Wahrzeichen der Gewandschneider, wurde gestürzt.

Der Rat musste sich der Äbtissin unterwerfen und ihr huldigen. Ohne Willen und Wissen der Äbtissin sollten zukünftig keine Entscheidungen mehr gefällt werden. Es wurde vereinbart, dass die Stadt 500 rheinische Gulden als ewige Jahrrente an die Äbtissin zu zahlen habe. Letztere sah sich auch in der folgenden Zeit wiederholt erstarkenden Selbstständigkeitsbestrebungen gegenüber und war gezwungen, den Huldigungseid regelmäßig wiederholen zu lassen. Dies geschah immer unter dem ausdrücklichen Verweis auf die bedingungslose Niederlage von 1477. Jeder einzelne Ratsherr stand zudem in einem persönlichen Lehnsverhältnis zur Äbtissin.

Weiterhin sank seit den 1450er-Jahren die Einwohnerzahl kontinuierlich. Dieser Trend geht jedoch nicht auf Epidemien zurück, sondern scheint im Wegzug einer größeren Zahl von Einwohnern begründet gewesen zu sein. Dies mag auf eine Unzufriedenheit mit den inneren Stadtverhältnissen hindeuten, über die aber bisher noch nichts Näheres gesagt werden kann.

Das jüdische Quedlinburg

Bereits seit dem Ende des 11. Jahrhunderts soll eine jüdische Gemeinde in Quedlinburg existierte haben. Doch bereits während der Zeit des Dritten Kreuzzuges (1189–1192) soll es schon zum ersten Pogrom gekommen sein. Diese Nachrichten sind allerdings nicht durch belastbare Quellen abgesichert. Das Judenprivileg Kaiser Friedrichs II. von 1236 machte die Juden zu königlichen Kammerknechten, die unter dem Schutz des Monarchen standen und ihm dafür Abgaben zu leisten hatten. Als finanzkräftige Kreditgeber dienten sie der Äbtissin, aber auch anderen Würdenträgern der Umgebung.

Frühe jüdische Zeugnisse des 13. Jahrhunderts wie Friedhof oder Synagoge befanden sich im Bereich der Hohen Straße und des Weingartens. Warum die Juden aus diesen Bereichen in die heutige Jüdengasse umziehen mussten, ist unklar. Von den Bürgern der Stadt immer wieder schikaniert, standen die Juden unter besonderem Schutz der Äbtissin. Die nach der Pest allerorts einsetzenden Pogrome scheinen in Quedlinburg weniger ausgeprägt gewesen zu sein, aber gängige Topoi des Antisemitismus (Brunnenvergiftung, Ritualmord etc.) sind auch hier in der Chronistik für die zweite Hälfte des 14. Jahrhunderts zu finden.

Auch in den folgenden Zeiten, vom 13. bis zum späten 15. Jahrhundert, waren die Äbtissinnen immer wieder um den Schutz der Juden bemüht. Wie in den meisten Städten durften sie in Quedlinburg während des Mittelalters – zeitlich befristet und gegen Abgaben – wohnen. Beispiele dafür, dass umliegende Herrscher Quedlinburger Juden verschleppten und nur gegen Geld wieder freiließen, sind einige überliefert. So wurde der Jude Matheus samt seinen Brüdern Mone und Meyere 1312 vom Grafen Ulrich von Regenstein gefangen genommen und erst wieder freigesetzt, nachdem die Äbtissin sie mit 150 Mark stendalischen Silbers ausgelöst hatte.

In der ersten Hälfte des 15. Jahrhunderts hat sich an den beschriebenen Rahmenbedingungen nichts geändert; allerdings scheinen die finanziellen Möglichkeiten der Juden besser geworden zu sein, was sich in regerem Kontakt mit den nordwestlichen Nachbarstädten Hildesheim und Braunschweig manifestierte.

Im 15. Jahrhundert finden sich gehäuft Nachrichten über Juden. Beispielhaft sei folgende Begebenheit erwähnt: An Lichtmess 1434 kam eine Judenschaft unter Quedlinburger Beteiligung nach Basel, um mit Kaiser Sigismund bezüglich der Judensteuer zu verhandeln. Die Einziehung des dritten Pfennigs von den Juden wurde dem Quedlinburger Rat übertragen. Unter den Bürgermeistern von Alt- und Neustadt kam es jedoch zu einem Missverständnis, das am 10. April 1434 in dem Vorwurf mündete, der Rat habe zwar von den Juden 3000 Gulden eingezogen, aber nur 600 an die Reichskämmerer weitergereicht und die restlichen 2400 Gulden veruntreut. Der kaiserliche Hofrichter Hans Graf von Lupfen beauftragte den Bischof von Halberstadt, den Stadtrat unter Eid schwören zu lassen, von den Juden nicht mehr als 600 Gulden erhoben zu haben. Der Bischof kam der Bitte nach und sandte ein entsprechendes Schreiben an Kaiser Sigismund (reg. 1433–1437).

Auch in der zweiten Hälfte des 15. Jahrhunderts wurden die Juden weiter von städtischer Seite schikaniert. Es kam zur Festlegung einer maximalen Anzahl an jüdischen Familien von zwölf Schutzjuden samt Familien. Mit der Niederlage der Stadt 1477 besserte sich die Situation zugunsten der Juden scheinbar vorübergehend, bevor der kurfürstliche Erlass von 1514 sie gänzlich der Stadt verwies. Dies führte allerdings zum völligen Verlust der Kreditgeber für das Stift und die Äbtissin. Die Vertreibung der Juden aus Quedlinburg war dabei aber weniger durch die lokalen Verhältnisse bedingt als vielmehr durch die Politik des Territorialherrn, der bemüht war, den Aufenthalt der Juden möglichst auch in seinen Nachbarterritorien wie eben Quedlinburg zu verhindern.

Spätestens seit 1514 war die jüdische Bevölkerung aus Quedlinburg verschwunden und es begann ein Ausverkauf der ehemals von ihnen bewohnten Häuser. Die Synagoge in der Jüdengasse lag wohl noch lange Jahre wüst, bevor sie 1545 schließlich verkauft wurde. Der Name »Jüdengasse« ist das einzige, was sich von den mittelalterlichen Juden im Quedlinburger Stadtbild erhalten hat.

Das Vakuum, das die jüdische Bevölkerung nach ihrer Vertreibung aus Quedlinburg hinterlassen hatte, besetzte eine andere Gruppe, die bisher nicht geduldet worden war: die der Adeligen.

Residenzstadt des freien weltlichen Damenstiftes (1540–1802)

Adel in der Stadt

Adelsfamilien durften sich in Quedlinburg bis zum Ende des 15. Jahrhunderts nicht niederlassen. Erst unter dem erneuerten Einfluss der Äbtissin Hedwig von Sachsen wurde ihnen der Erwerb von Häusern im Stadtgebiet gestattet. Sie bildeten eine so genannte »Freie Kommune«, eine Sondergemeinde, die bis 1810 bestand. Die Mitglieder dieser Kommune verfügten in den beiden Städten Quedlinburg über 36 Häuser und Freihäuser und im Westendorf über weitere 14.

Eine erste Zulassung von Adligen erfolgte 1482, als die Räte der Stadt Quedlinburg auf Bitten der Äbtissin und ihres Stiftshauptmanns genehmigten, dass Roloff von Borchtorp zwar Grundbesitz in der Stadt erwerben dürfe, dafür aber keinen Steuereid zu leisten brauche, weil er bereits der Äbtissin einen Eid geschworen habe. Der nächste blaublütige Zuzügler war im Jahr 1501 Arnd von dem Hagen.

Die Bedingungen, unter welchen Adelige in Quedlinburg Aufnahme finden sollten, wurden nach langen Verhandlungen erst im Jahr 1564 von Äbtissin Anna II. verfügt. Ein wichtiger Punkt aus Sicht der Stadt war der völlige Verzicht der Adeligen auf bürgerliche Hantierung wie Handwerk oder Handel. Sie mussten ihr Vermögen aus anderen Erwerbsquellen beziehen, beispielsweise durch auswärts gelegenen Grundbesitz. Auch wurde speziell darauf hingewiesen, dass Adelige der erbvogteilichen Gerichtsbarkeit, also dem Kurfürsten von Sachsen, unterständen. Dies nahmen die Adeligen so wörtlich, dass sie sich unter Umgehung des Rates und des Stiftes insgesamt direkt dem Kurfürsten unterstellten.

Das Recht, in der Stadt zu wohnen, ließ sich der Rat mit hohen Einmalzahlungen, bemessen am Wert der erworbenen Häuser, und einer vierfachen Steuer bezahlen. Die Äbtissin scheint ein doppeltes Interesse am Zuzug dieser Familien gehabt zu haben: Zum einen waren sie mit den Stiftshauptleuten der Äbtissin verwandt, zum anderen verfügten sie teilweise über nicht unbeträchtliche Einnahmen aus Zehntrechten. So entstanden mehrere adelige Freihöfe und -häuser, wie der Freihof auf dem Fleischhof, das Hagensche Freihaus in der Bockstraße oder der Freihof in der Pölle 35. Die Flächen aller drei Grundstücke waren ehemaliger abteilicher Lehnsbesitz, den die Äbtissin nun an Adelige ausgab.

Am Übergang vom 15. zum 16. Jahrhundert sollte es aber zu deutlich stärker einschneidenden Veränderungen kommen als nur zur Neuregelung der Zuzugsbedingungen Adeliger.

Bauernkrieg und Reformationskämpfe

Seit 1523 zeigte die lutherische Reformation in Quedlinburg zwar Wirkungen, aber sie wurde erst 1540 im ganzen Stiftsgebiet durchgesetzt. Vom 9. bis 12. Mai 1523 besuchte Herzog Georg von Sachsen der Bärtige (reg. 1500–1539) die Äbtissin Anna II. (reg. 1516–1574). Er tat das in direkter Reaktion auf einen Aufruhr in den Klöstern, denn zwischen Mai und Oktober 1523 verließen bis auf einen Laienbruder alle Mönche das Augustinerkloster in der Neustadt. Später haben Heimatforscher dies als freudige Zuwendung zu Luthers Kirchenerneuerung gedeutet, aber der Herzog und die Zeitgenossen sahen das anders. Schon bald wollten einige Mönche sowie der Prior zurückkehren. Der Herzog hatte nichts dagegen, dass im Kloster fromme Mönche, die sich an die Regel ihres Ordens hielten, weiterhin ein geistliches und christliches Leben führen und den Gottesdienst abhalten würden. Als auch der Prior wieder zurückgekehrt war, normalisierte sich das Klosterleben. Allerdings könnten die Gründe für die Rückkehr der Mönche auch in ihrem Vorhaben begründet liegen, ihr altes Kloster als Plattform zur Verbreitung der neuen, lutherischen Lehren zu nutzen und einigen aus anderen Klöstern entwichenen Geistlichen – namentlich Vincentius und Runge – in Quedlinburg Unterschlupf zu geben. Der Rat wurde nämlich

Der Schlossberg mit dem ehemaligen Damenstift und der Stiftskirche St. Servatius.

mehrmals aufgefordert, keine anderswo »entlaufenen« Ordenspersonen in der Stadt aufzunehmen. Auf Befehl des Herzogs sollten diese nicht länger in Quedlinburg leben dürfen, sondern in ihre Klöster zurückgeschickt werden.

Während der Verwirrungen des Bauernkriegs im Jahr 1525 wurden die vier Klöster der Stadt – das Prämonstratenserkloster St. Wiperti, das Benediktinerinnenkloster St. Marien, das Franziskanerkloster in der Altstadt und das Augustinerkloster in der Neustadt – geplündert und zerstört. In der Folge wurden die Klöster aufgelöst.

In den Jahren 1525 bis 1539 wurden evangelische Bestrebungen in der Stadt von der 28. Äbtissin Anna II. zu Stolberg im Auftrag von Herzog Georg, der ein erbitterter Gegner Luthers war, noch unterdrückt. Prominentestes Beispiel für die evangelischen Reformversuche war der blinde evangelische Pastor Benedictus Kirchhoff am St. Johannestift vor den Toren der Stadt, der trotz Bedrohung durchgehend evangelisch predigte. Nach dem Tod von Herzog Georg im Jahr 1539 übernahm der neue Herzog, Heinrich der Fromme (1473–1541), jedoch den evangelischen Glauben. Er schickte – gegen den Willen der Äbtissin, die dies als Einmischung in ihre Angelegenheiten verstand – eine Kommission, die 1540 ihren Bericht zur Vorbereitung der Durchführung der Reformation im Reichsstift Quedlinburg abgab. In den darauffolgenden Jahren wurden Anna II. und mit ihr alle kirchlichen Einrichtungen Quedlinburgs und de facto die gesamte Stadt evangelisch.

Anna, die letzte katholische und erste evangelische Äbtissin, setzte den Reformator Tilemann Plettner (1490–1551) ein, einen Freund Philipp Melanchthons. Dieser stellte nach 1540 eine Quedlinburger Kirchenordnung auf, die in 13 Artikeln eine Art tolerante Übergangsregelung organisierte. 1547 verheiratete sich der letzte Propst von St. Wiperti, und die Äbtissin zog daraufhin die dortigen Kleinodien und diejenigen von St. Marien ein. Damit löste sie die Klöster endgültig auf.

Als sich 1574 die neue Äbtissin, Elisabeth II. (1542–1584), ihre Wahl zur evangelischen (!) Äbtissin durch einen päpstlichen Legaten bestätigen ließ, befahl Kurfürst August I. von Sachsen (1526–1586) eine Neuwahl, die aber wiederum auf Elisabeth fiel. 1585 fand in Quedlinburg ein Kongress reformierter und lutherischer Theologen statt. Die weitere Durchsetzung der evangelischen Lehren im Stift übernahm ein Konsistorium und später bis 1738 der Superintendent.

Ein letzter Rekatholisierungsversuch scheiterte, als Albrecht von Wallenstein (1583–1634) versuchte, das Restitutionsedikt von 1629 durchzuführen und das Wipertikloster wieder an die Prämonstratenser zu übertragen. Nur mehr einen Schlusspunkt der Entwicklung bildete das Jahr 1648, als mit dem Bistum Halberstadt die seit knapp 100 Jahren nicht mehr existierenden katholischen Verwaltungsstrukturen auch formal aufgelöst wurden. Während sich auf religiöser Ebene die Ereignisse bis ins 17. Jahrhundert hinzogen, kam es auf politischer und wirtschaftlicher Ebene in der zweiten Hälfte des 16. Jahrhunderts zu verschiedenen Entwicklungen.

Quedlinburg war 1547 im Schmalkaldischen Krieg zwischen die Fronten des katholischen Kaisers Karl V. und der evangelischen Reichsstände geraten. Der Schutzherr der Stiftes, Herzog Moritz von Sachsen, stand zu dieser Zeit auf Seiten des

Kaisers. Sein direkter Gegenspieler und Vetter, der sächsische Kurfürst Johann Friedrich, ließ am 6. Februar 1547 durch seinen Feldhauptmann Asmus von Kondritz die Stadt besetzen. Am frühen Morgen wurden der Rat und die Gemeinde der Äbtissin gegenüber meineidig und treulos. Wie es in einem Brief heißt, hätten sie ohne ernsthafte militärische Bedrohung die Stadt den Truppen des Kurfürsten Johann Friedrich überlassen und einen Huldigungseid geleistet sowie eine hohe Steuer von 5000 Gulden bezahlt. (Normalerweise musste die Stadt der Äbtissin im Jahr 500 Gulden zahlen.)

In der eroberten Stadt wurde einiges geändert. Unter anderem setzte man Johann Friedrich ergebene Personen auf Schlüsselpositionen (Bürgermeister und Kämmerer) ein. Über die Schicksale der eigentlich für die Jahre turnusmäßig vorgesehenen Bürgermeister schweigen die Quellen. Doch offenbar dauerte die Besetzung der Stadt nur kurz: Bereits im April – nach seiner Niederlage in der Schlacht bei Mühlberg – musste Johann Friedrich seine Truppen abziehen. Die Äbtissin ließ sämtliche nicht von ihr getroffene Verfügungen und Veränderungen wieder rückgängig machen und behielt sich vor, diejenigen zu bestrafen, welche sich entgegen ihren Eiden vom Kurfürsten Johann Friedrich »hatten gebrauchen lassen«.

Die Bürger wurden indes vom Stiftshauptmann Georg von Dannenberg, der im Auftrag des neuen sächsischen Kurfürsten Moritz handelte, weiter gegen die Äbtissin aufgestachelt. Dagegen wandte sich Anna II. in einem Beschwerdeschreiben an den Kaiser. Dieser sandte einen Brief an den Magistrat zu Quedlinburg, der zu Gehorsam gegen die Äbtissin aufforderte. Bis der Rat aber wirklich gehorsam war, bedurfte es weiterer kaiserlicher Ermahnungen und Drohungen. Dabei hatte der Rat zu dieser Zeit wahrlich andere Probleme und Sorgen.

Der Stadtrat macht Schulden …

Der Rat strebte für den Haushalt der Stadt Quedlinburg zwar mehr Einnahmen als Ausgaben an, aber durch widrige, vor allem politisch motivierte Umstände war er mehrfach gezwungen, mehr auszugeben, als er einnahm. Im Laufe von 35 Jahren (zwischen 1547 und 1582) wuchsen die Schulden im Stadthaushalt bis auf eine Summe von 23 000 Talern an. Dieser Betrag entsprach allen Einnahmen der Stadt in zehn Jahren. Die Verschuldung hatte nicht, wie bisher zu Unrecht angenommen, mit einer schlechten Zahlungsmoral der Bürger zu tun, sondern sie lag an äußeren Widrigkeiten und einem schlechten Management des Stadtrates. Mit den Schulden wuchs bei den Bürgern allerdings das Misstrauen gegen ihren Rat, und fast ein Viertel der Steuerpflichtigen zahlte seine Steuern in der Folge tatsächlich nicht. Ein ausgeglichener Stadthaushalt rückte so in weite Ferne.

Wie oben erwähnt, wurde an Kurfürst Johann Friedrich 1547 eine Steuer von 5000 Gulden gezahlt. Da dieses Geld jedoch in der Stadtkasse nicht vorhanden war, musste es bei Privatpersonen anderswo geliehen worden sein. Die Zinsen lagen bei stattlichen sechs Prozent. Um den Kredit schnell zu begleichen, wurden drei außerordentliche Steuerzahlungen vereinbart. Aber die Schulden wuchsen weiter, insbesondere, als Kurfürst August im Jahr 1551 für die Belagerung der Stadt Magdeburg 8000 Gulden einzog.

Trotz der erfolgreichen Eroberung Magdeburgs verzögerte sich die Rückzahlung bis 1575, und aufgrund der anfallenden Zinsen wuchsen die Schulden weiter. Um sie endlich zu tilgen, wurde 1576 beschlossen, das Vorwerk (= Gutshof) am Münzenberg vom Stift zu pachten und aus dessen Betrieb Gewinne zu erwirtschaften. Die Pachtsumme von 15 000 Gulden für zwölf Jahre wurde wiederum durch Verpachtung des stadteigenen Forstes Ramberg an den vermögenden Fritz von der Schulenburg aufgetrieben, von dem die Stadt insgesamt 21 000 Gulden bekam. Mit den restlichen 6000 Talern werden die anderen Schulden abgelöst worden sein. Innerhalb von neun Jahren ließ sich aus dem Betrieb des Münzenberger Vorwerks aber noch kein Gewinn abschöpfen, weshalb der Vertrag um weitere 20 Jahre verlängert wurde, was die Pachtsumme um weitere 8000 und den Schuldenberg auf 23 000 Gulden anwachsen ließ. Für die Gesamtlage der Stadt war die Situation also nicht einfach – für die einzelnen Verantwortlichen im Stadtrat allerdings bisweilen schon.

... und veruntreut Gelder

Als 1585 im Quedlinburger Rathaus ein evangelischer Kongress stattfand, an dem namhafte Theologen aus der Pfalz, aus Sachsen, Brandenburg und Braunschweig teilnahmen, interessierte das die örtlichen Bürger recht wenig. Die wichtigen, aber ergebnislosen Erörterungen über die Abendmahlslehre wurden schnell wieder vergessen. Interessanter dürfte für die Bürger sicherlich gewesen sein, dass sie 1585 einzeln in der Marktkirche vor einer Kommission aus den oben genannten Gebieten aussagen mussten, ohne dass die Bürgermeister oder Mitglieder des Stadtrates dabei sein durften. Was war passiert?

Im Sommersemester des Jahres 1550 immatrikulierten sich an der Akademie zu Jena drei Studenten, die sich aufgrund ihres Zusatzes »Quedlinburgensis« eindeutig der Stadt Quedlinburg zuordnen lassen. Zwei von ihnen, Ambrosius Rühlen und Martinus Gerlach, bekamen nach ihrem Studium und ihrer Rückkehr nach Quedlinburg hohe Posten: Ersterer wurde Bürgermeister der Altstadt, Letzterer war zunächst Stadtschreiber, später Stiftsbeamter. Im Jahr 1565 taten sich die drei Bürgermeister der Altstadt, Ambrosius Rühlen, Ambrosius Graßhoff und Peter Sichling, mit dem Bürgermeister der Neustadt, Martin Simons, den beiden Kämmerern Hans Schmidt und Andreas Quenstedt, dem so genannten »Rats-Pacht-macher« Melchior Schulze, dem erwähnten Stiftsbeamte Martin Gerlach, dem Stadtschreiber Elias Meyer und dem Bürger Simon Stissers zusammen und fingen an, öffentliche Gelder zu veruntreuen. Sie entwendeten immer wieder kleine Summen und legten diese mit einer Verzinsung von sechs Prozent an. Über einen Zeitraum von 17 Jahren verdoppelten sich so die angelegten Beträge – zu je 100 unrechtmäßig entnommenen Talern kamen 102 Taler an Zinsen hinzu. Da diese Entnahmen von den drei Altstädter Bürgermeistern gedeckt wurden und zudem der Stadtschreiber involviert war, dauerte es 17 Jahre, bis die Unregelmäßigkeiten auffielen. Bis 1582 seien »in dem gemeinen rathstuel alhiero etzliche undt nicht geringe mangel vorgefallen«.

Missbräuchlich waren nicht nur die Geld- und Sachentnahmen, sondern auch die Eigennutzung von Häusern, die der Rat nur zu verwalten hatte. So hatte Bürgermeister Graßhoff ein Haus auf dem Weingarten zwölf Jahre lang genutzt, ohne irgendeine Gebühr oder eine Kaufsumme dafür zu zahlen.

Die betroffenen Ratsherren wehrten sich zunächst gegen die Vorwürfe. So enthält eine der Inschriften am Rathaus, die von Bürgermeister Rühle 1582 in Auftrag gegeben wurde, Textstellen wie: »Unrecht ist es, sich in Dinge zu mischen, die einen nichts angehen.« Die Entsendung etlicher auswärtiger Gesandter zur endgültigen Klärung durch Kurfürst August im Januar 1585 stand am Ende der Untersuchung durch den großen Ausschuss, eine Art Generalversammlung der Stadtbürger. Die Delegierten vernahmen in der St.-Benedicti-Kirche ohne Beisein des Rates den großen Ausschuss und die Bürgergemeinde. Die handschriftlichen Protokolle dieser Vernehmung sind erhalten. In einer »Generalwarnungsvorschrift« protestierte der Rat gegen dieses Vorgehen. Nichtsdestotrotz untersuchte der Sekretär der Äbtissin Anna III., Arnd Stammer, zusammen mit den entsandten Räten die Vorgänge und riet ihr am Ende zu einer versöhnlich gehaltenen Erklärung. Sie ging in 36 Punkten abschließend auf die Untersuchungen ein, und am Tag ihrer Unterzeichnung, dem 29. Januar 1585, huldigten ihr der Rat und die ganze Bürgerschaft.

Die Konsequenzen waren für die beteiligten Personen wie für den Rat als Institution sehr verschieden. So bekam Peter Sichling einen Plan zur Abzahlung seiner »Schulden«, und er durfte noch bis 1607 als Bürgermeister auf seinem Posten bleiben. Dagegen musste Bürgermeister Ambrosius Graßhoff nach der Untersuchung sofort sein Amt aufgeben. Um für die Zukunft derlei Missbrauch einzuschränken, wurde eine neue Ratsordnung erlassen. Darin geht es im ersten Teil um eine Neuregelung der Audienzzeiten, der heutigen Öffnungszeiten, denn die Bürger fühlten sich in diesem Punkt arg vernachlässigt. Auch sollten zeitvergeudende Tätigkeiten wie Privatgespräche in Zukunft vermieden werden. Weiterhin wurde bestimmt, dass sich der amtierende sogenannte »sitzende Rat« ab 1588 dreimal wöchentlich treffen sollte, statt der bis dahin üblichen zwei Mal. In einem weiteren Punkt wurde eine permanente Kontrollkommission aus drei Ratsherren eingerichtet, die die korrekte Verzeichnung der wöchentlichen Einnahmen zu überwachen hatte. Dem Stadtschreiber wurden Unterschreiber zur Verfügung gestellt, die ihm helfen, ihn aber auch überwachen sollten.

Die Atmosphäre war also nicht ohne Misstrauen – der ideale Nährboden für eine Epoche, die sich auf Denunzierung und Verleumdung gründete: Denn auch in Quedlinburg wurden in dieser Zeit einige Stadtbewohner wegen Zauberei verbrannt.

Neun Millionen Hexen?

In Europa seien »neun Millionen Hexen« verbrannt worden, heißt es immer wieder. Dieser populäre Mythos, der gern von den Medien aufgegriffen wird, hat seinen Ursprung in Quedlinburg. Während im 18. Jahrhundert die Hexenprozesse abgeschafft wurden und immer weiter in die Vergangenheit rückten, wurde der Versuch, die Zahl der insgesamt verbrannten Hexen zu ermitteln, weiter vorangetrieben. Voltaire (1694–1778) hat seine Zeitgenossen mit einer Zahl von 100 000 Hinrichtung schockiert, und die letzte Verbrennung einer Hexe 1782 im Schweizer Kanton Glarus löste einen beispiellosen Sturm der Entrüstung aus, der dieser Hinrichtungsart ein Ende setzte.

Nun war es der Quedlinburger Ratssyndikus Gottfried Christian Voigt (1740–1791), der in seinem am 19. November 1783 veröffentlichten Aufsatz »Etwas über die Hexenprozesse in Deutschland« ausführte, »daß unsere Zeiten mit Recht aufgeklärt genannt zu werden« verdienten und dass die Zahl der Hexenverbrennungen bei Voltaire zu niedrig seien. Er stellte eigene Berechnungen an und benutzte dafür die Akten des ihm unterstehenden Quedlinburger Ratsarchivs. In den Unterlagen der Jahre zwischen 1569 und 1598 fand er 30 Hexenprozesse mit Todesurteilen. Er rechnete diese Zahlen auf das ganze 16. Jahrhundert hoch und kam auf 133 Todesurteile. Weiterhin setzte er diesen Wert für 650 Jahre ein und behauptete ohne weitere Überprüfung, es seien in dieser Zeit in Quedlinburg 866 Hexen verurteilt und verbrannt worden.

Nun wollte Voigt aber nicht als Lokalhistoriker glänzen, sondern der europäischen Aufklärung dienen. Also multiplizierte er mittels Dreisatz seine Zahlen entsprechend und kam für die Zeitspanne eines Jahrhunderts europaweit auf 858 454 verurteilte und verbrannte Hexen – und für die Zeit vom Beginn des 7. bis zum Ende des 17. Jahrhunderts auf die gerne herangezogenen insgesamt »Neun Millionen vierhundert zwei und vierzigtausend neunhundert vier und neunzig Menschen«, an denen wegen Zauberei ein Todesurteil vollstreckt worden sei. Obwohl diese Hochrechnung Voigts hanebüchen war, wurde sie – da sie viel Interesse erregte – im selben Jahr im »Hannoverischen Magazin« abgedruckt. Wissenschaftler und Enzyklopädisten waren zurückhaltend bis skeptisch bei der Verwendung der Zahlen, aber Mitte des 19. Jahrhunderts wurden sie im Kulturkampf von konfessionell inspirierten Polemikern wieder aufgegriffen und verbreitet.

Seit den 1920er-Jahren wurden die Zahlen im Kontext der NS-Ideologie neu interpretiert und zu einem nationalsozialistischen Argument politisiert. Nach dem Krieg sollen in Deutschland die »neun Millionen Hexen« in der neuheidnisch-esoterischen Ecke wieder aufgetaucht sein und in den USA am Erstarken eines radikalen Feminismus mitgewirkt haben. Die Degradierung der historischen Opfer zum bloßen Belegmaterial diente also bisweilen dazu, die eigene Radikalität zu legitimieren. Selbst heute greifen moderne Medien die »Neun-Millionen-Theorie« immer wieder gerne auf. Aktuelle seriöse, wissenschaftliche Hochrechnungen gehen hingegen von insgesamt 25 000 bis 30 000 Hexenprozessen in ganz Europa aus. Diese Zahlen waren bereits vor Voigts großen Hochrechnungen als eine der ersten Schätzungen schon einmal im Gespräch.

Voigt hätte seine Überlegungen dabei eigentlich selbst korrigieren können, hätte er sich etwas eingehender mit der Entwicklung der Einwohnerzahl beschäftigt.

Zur Demografie

Im 9. Jahrhundert lebten im Nachbarort Marsleben mindestens 200 unfreie Familienmitglieder. Dieser Wert kann unter Vorbehalt als ungefährer Vergleich für Quedlinburg dienen, denn für diese Zeit sind für diesen Ort keine Angaben überliefert. Spätestens seit 922 hatte die Bedeutung Quedlinburgs als bevorzugte Osterpfalz der Liudolfinger/Ottonen stetig zugenommen. Der reisende Königshof umfasste 1000 bis 2000 Personen, und der plötzliche Aufenthalt einer so großen Zahl von Menschen machte eine grundlegende Versorgungsstruktur notwendig. Deshalb dürften im 10. Jahrhundert die am Ort lebenden Personen immer mehr geworden sein, bis Quedlinburg in der Mitte des 12. Jahrhunderts aufhörte, feste Destination der Reisen der Herrscher zu sein. Mit diesem Bedeutungsverlust seit König Friedrich I. Barbarossa (reg. 1155–1190), der das Osterfest bewusst nicht in Quedlinburg, sondern in Magdeburg gefeiert hat, sank die Attraktivität der Ortschaft, was zu einem Rückgang oder zumindest einer Stagnation der Einwohnerzahl geführt haben muss.

Die Äbtissinnen des Stiftes, das ebenfalls von dem zunehmenden Bedeutungsverlust bedroht war, scheinen diese Zeichen erkannt zu haben und versuchten, dem Abwärtstrend durch das bereits erwähnte Anwerben von flämischen und holländischen Siedlern aus dem Norden gezielt entgegenzuwirken. Die Rechnung schien aufzugehen, und auch aus den umgebenden Dörfern zogen neue Bewohner hinzu, wodurch die Gesamtzahl der Einwohner der zwei Städte Quedlinburg in kurzer Zeit wieder stark anstieg; auf welchen Wert genau ist zwar unklar, aber vermutlich von 1500 auf knapp über 2000 Einwohner.

Aber ab der Mitte des 13. Jahrhunderts änderte sich die Richtung des Trends wieder, denn die Äbtissinnen gerieten im Rahmen der Stauferkämpfe wiederholt zwischen die Fronten. 1310/30 sind etwa 750 Haushalte in der Stadt nachgewiesen, was bei geschätzten vier Personen je Haushalt etwa 3000 Einwohnern entspricht.

In der zweiten Hälfte des 14. Jahrhunderts sowie in der ersten Hälfte des 15. Jahrhunderts kam es zu mehreren Epidemien, wohl überwiegend der Pest (s. S. 51). Trotz dieser Seuchen, die im Schnitt wohl mindestens ein Zehntel bis ein Drittel der Bevölkerung das Leben kosteten, scheint die Gesamtzahl der Einwohner kontinuierlich zugenommen zu haben: Einen Hochstand mit über 1040 Haushalten erreichte die Stadt um 1460. Bis in die 1530er-Jahre fiel diese Zahl jedoch wiederum kontinuierlich ab und erreichte einen Tiefststand von 690 Haushalten, der sogar noch unter dem Wert von 1310/30 lag. Was diesen Verlust an Attraktivität ausmacht, ist schwer zu ermitteln.

Zwei weitere Epidemien, die die Bevölkerung in den Jahren 1473 und 1484–86 weiter dezimierten, konnten jedoch durch Zuzug aus den umliegenden Stiftsdörfern relativ schnell wieder ausgeglichen werden. Aufgrund von Neuansiedlungen und trotz mehrfacher nachweisbarer Pestepidemien in den darauffolgenden Jahren (1567, 1577, 1598) übertraf die Stadt in den 1590er-Jahren mit über 1100 Haushalten erstmals wieder das Niveau von 1460.

Auch diese Phase dauerte jedoch nur kurz, und bis in die 1660er-Jahre sank die Zahl der Haushalte wieder. Erst um 1700 wurden erneut die Werte der 1460er- und 1590er-Jahre erreicht und ab 1750 kontinuierlich überboten. Erwähnenswert ist dabei insbesondere das Jahr 1725, als die Zahl der Haushalte in der Neustadt mit 509 zum ersten und einzigen Mal die der Altstadt mit 502 übertraf.

Ihren bisherigen Höchststand erreichte die Einwohnerzahl Quedlinburgs im Jahr 1950 mit 35 555; dieser Wert sinkt seither kontinuierlich. Zwar hat sich die Entvölkerung nach 1989/90 beschleunigt, doch stabilisiert sie sich innerhalb der von der Stadtmauer umgebenen Altstadt, des heutigen Flächendenkmalbereichs. Mehr noch: In dem Bereich hat sich die Einwohnerzahl gegenüber 1990 mittlerweile verdoppelt. Während der Eingemeindung verschiedener Ortschaften hatte die Stadt Quedlinburg im Jahr 2011 für kurze Zeit 28 137 Einwohner; allerdings wurden diese Konzentrationsprozesse rückgängig gemacht. Nach einer neuerlichen Änderung dürften es seit Anfang 2014 mit Gernrode und Bad Suderode etwa 27 000 Einwohner sein. Eine Prognose der Stiftung Bertelsmann sagt für

2015 etwa 20 627 Einwohner voraus und für 2020 geschätzte 19 935. Dem weiteren Leerstand im Flächendenkmalbereich entgegenzuwirken ist deshalb eine der vordringlichsten Aufgaben des Stadtrates in der heutigen Zeit.

In einer wesentlich schwierigeren Zeit jedoch hatte eine Äbtissin die Stadt bereits durch sehr bedrohliche Situationen hindurchmanövriert.

Quedlinburg im Dreißigjährigen Krieg

Einen beachtlichen städtebaulichen Aufschwung nahm die Stadt bemerkenswerterweise ab dem Dreißigjährigen Krieg (1618–1648). Viele der über 2100 erhaltenen Fachwerkhäuser sind in dieser Zeit entstanden. Stadt und Stift sind durch diese Jahre mit sicherer Hand von einer Äbtissin geführt worden: Dorothea Sophie, die als 33. Äbtissin von 1617 bis 1645 dem Stift vorstand. Dabei kam ihr zugute, dass sie die Tochter des Herzogs Friedrich Wilhelm von Sachsen-Altenburg und dessen Ehefrau Sophie war, der Tochter des Herzogs Christoph zu Württemberg: Eine Reihe von Gefahren konnte die Äbtissin Dorothea Sophie durch ihre persönlichen Kontakte und Vermittlungen vom Stift fernhalten.

Im Vergleich zu anderen Städten und Regionen kamen Quedlinburg und das Stiftsgebiet relativ unbeschadet durch diese bedrückende, leidvolle Epoche. Eine Reihe größerer Scheunen- und Häuserneubauten wurde in dieser Zeit errichtet, und auf vielen Schwellbalken der Fachwerkhäuser, die das Erdgeschoss vom ersten Stock abgrenzen, finden sich Inschriften, die ebenfalls auf diese Jahre verweisen. Für die zweite Hälfte des 16. Jahrhunderts sind bisher 56 Inschriften bekannt, für die nächsten 50 Jahre, die auch den Dreißigjährigen Krieg abdecken, bis 1650 sind es 73, für die Jahre bis 1700 steigt die Zahl bekannter Inschriften auf 174 an und für das beginnende 18. Jahrhundert sind es immer noch 90. Dabei handelt es sich teilweise um Sprichwörter, wie das bekannte »Wer Gott vertraut, der hat wohl gebaut«, das sich 16-mal finden lässt, oder »Ach Gott, wie geht das immer zu,

Kupferstich mit einer Darstellung Quedlinburgs auf dem Titel von
Eberhard Kiesers »Perpetui Musa Viroris Erit«, 1624.

das (sic!) die mich hassen denen ich nichts tue« (neunmal),
»An Gottes Segen ist alles gelegen« (sechsmal), »Allen die
mich kennen, denen gebe Gott, was sie mir gönnen« (fünfmal); ebenfalls fünfmal findet sich der Psalm »Der Herr behü-
te Deinen Eingang und Ausgang« (Ps. 121.8). Auch der als
protestantische Devise verwendete Bibelvers »Verbum domi-
ni manet in aeternum« (Das Wort des Herrn bleibt in Ewig-
keit; Ps. 118.89) lässt sich dreimal nachweisen, die Worte
»Soli deo gloria« bzw. »Gott allein die Ehre« (5. Mos. 32.3)
finden sich mindestens neunmal.

Nun geben die Inschriften aber nicht nur über die Bibel-
festigkeit der Hausbewohner Auskunft, sondern auch über ein-
schneidende Ereignisse. Sieht man sich die Inschriften der
Steinbrücke (Nr. 3, 6, 11, 21, 22), der Word (Nr. 13, 21), der
Heiligegeiststraße (Nr. 22, 23, 25, 26) und des Neuen Weges
(Nr. 4, 5, 9, 16, 47) an, so fällt auf, dass alle diese Häuser kurz
nach 1676 neu gebaut wurden. In diesem Jahr tobte in dem
Bereich einer der größten Stadtbrände, dem insgesamt über 40
Häuser zum Opfer fielen. Ausgelöst wurde der Brand durch die
Unachtsamkeit einer Magd, die in Abwesenheit ihrer Hausher-
ren in einer Pfanne Essen zubereitete. Als die Herrschaften
überraschend zurückkamen, soll sie die Pfanne im Stroh im

Hinterhaus versteckt haben, wodurch das Feuer ausbrach. Erst auf dem Sterbebett habe sie ihrem Beichtvater davon berichtet.

Ein Jahrhundert nach dem verheerenden Feuer in der Altstadt brach 1797 in der Neustadt im Gasthof »Zum Sattel« (Steinweg 13) ein Großbrand aus, bei dem 19 Wohnhäuser abbrannten. Im Vergleich zu anderen Städten wie Einbeck oder Wernigerode ist in Quedlinburg aber wenig Bausubstanz durch Stadtbrände zerstört worden.

Für den Wiederaufbau der Fachwerkhäuser wurde unter anderem eine erhebliche Menge an Gips benötigt, der aus nahegelegenen Steinbrüchen kam. In einem von ihnen wurde im 17. Jahrhundert ein außergewöhnlicher Fund entdeckt – Überreste eines »Einhorns« (s. S. 82).

Mit 2120 erhaltenen Fachwerkhäusern insgesamt, von denen über 1753 an einer Straße stehen, zählt der Baubestand in Quedlinburg zu einem der besterhaltenen in Deutschland. Vergleichbare Zahlen weisen wohl noch Städte wie Regensburg und Görlitz auf, allerdings mit Steinbauten. Qualität und Erhal-

Das 1612 aus reich verziertem Fachwerk im Renaissancestil erbaute Gildehaus »Zur Rose«. – Aufnahme um 1900.

LEIBNIZ UND DAS EINHORN

Im Jahr 1663 entdeckten einige Arbeiter beim Brechen von Gips-
stein in den Seweckenbergen nördlich von Quedlinburg die Überreste eines merkwürdigen Tieres. Der zur Klärung hinzugezogene
Otto von Guericke (1602–1686), der damalige Bürgermeister von
Magdeburg, berichtete 1672 in seinen »Neuen Magdeburger
Versuchen« von dem Fossilfund, den er als Einhornskelett inter-
pretierte: »Es trug sich auch in eben diesem Jahr 1663 in Quedlinburg zu, dass man in einem vom Volke Zevickenberg genannten
Berge, wo Gipssteine gebrochen werden, und zwar in einem von
dessen Felsen das Gerippe eines Einhorns fand, mit dem hinteren
Körperteil, wie dies bei Tieren zu sein pflegt, zurückgestreckt, bei
nach oben erhobenem Kopfe auf der Stirn nach vorn ein langge-
strecktes Horn, von der Dicke eines menschlichen Schienenbeins
tragend, im entsprechenden Verhältnis hierzu etwa 5 Ellen in der
Länge. Das Skelett dieses Tieres wurde aus Unwissenheit be-
schädigt und stückweise herausgeholt, bis das Haupt mit einem
Horn und einigen Rippen, der Wirbelsäule und den Beinen der
dort lebenden hochwürdigen Fürstäbtissin übergeben wurden.«
Später beschäftigte sich auch kein Geringerer als der letzte Uni-
versalgelehrte des 18. Jahrhunderts, Gottfried Wilhelm Leibniz
(1646–1716), mit dem Fund und gab seiner posthum erschienen
Schrift »Protogaea« sogar eine Fantasie-Rekonstruktion des an-
geblichen Einhorns mit nur zwei Beinen bei. Bis zu diesem »Be-
weis« hatte er die Existenz von Einhörnern immer vehement be-
stritten. Viele zeitgenössische Wissenschaftler folgten zunächst
seinen Ausführungen. Erst als sich 1786 der Quedlinburger Pfarrer
Johann August Ephraim Goeze (1731–1793) kritisch mit der Frage
des Einhorns beschäftigte, änderte sich die allgemeine Einschätzung. Goeze ging es um die richtige Zuordnung der vermeint-
lichen Einhornknochen, die er richtig als Überbleibsel eines
Nashorns erkannte.
Heute ist klar, was in den Seweckenbergen tatsächlich gefunden
worden war: die Stoßzähne eines Mammuts und der Schädel des
längst ausgestorbenen Wollhaarnashorns, das vor 550 000 bis
vor 12 000 Jahren, im ausgehenden Pleistozän, gelebt hatte.

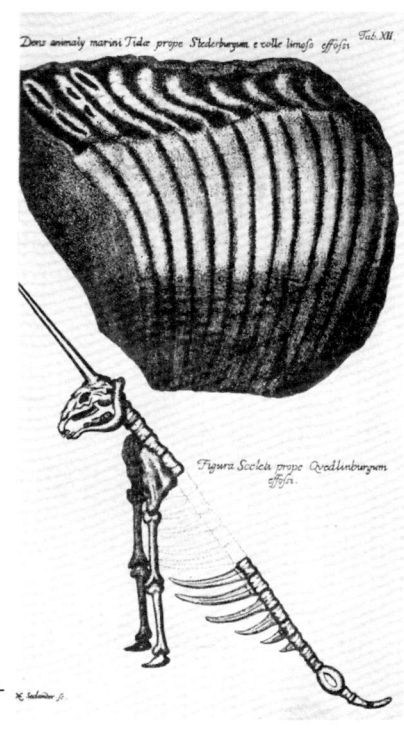

Das Quedlinburger Einhorn.
– Darstellung aus der »Protogaea« von G. W. Leibniz.

tungszustand der Häuser in Quedlinburg sind sehr unterschiedlich und für den Nichtfachwerkspezialisten oft nur
schwer zu erkennen. Deshalb lohnt es sich, einige Häuser her-
vorzuheben, die durch außergewöhnliche Formen und Details
für den Fachwerkliebhaber interessant sind: Zu den nach außen hin schönsten und auch in ihrer Fachwerkkonstruktion
auffallendsten Gebäuden gehören zweifelsohne das Gildehaus
»Zur Rose« in der Breiten Straße 39 von 1612, die sogenannte
»Börse« im Steinweg 23 von 1683 und das Haus in der Langen
Gasse 29 von 1614. Ersteres hat eine der am reichsten verzier-
ten Fassaden in Quedlinburg. Bemerkenswert sind dabei die
sonst nur selten vorhandenen mit Schnitzwerk gezierten Brüs-
tungsfelder. Auf diesen finden sich rein dekorative Schnitzereien mit Pflanzenornamenten, aber auch Wappen und Blend-

arkaden. Die Wappen beziehen sich auf den Bauherrn Nicolaus Schultze und dessen Ehefrau Margarete Lauch, die Tochter des Bürgermeisters Sebastian Lauch. Es enthält drei Lauchzwiebeln. Eine weitere Verzierung, ein Doppeladler mit Zimmermannsbeil, gilt als Hinweis auf den in Quedlinburg berühmten Zimmermann Wulf Götze.

Bis 1904 war die Blankenburger Brauerei »Glückauf« Eigentümerin des dreigeschossigen Fachwerkhauses Steinweg 23. Im Erdgeschoss betrieb sie die beliebte Gaststätte »Zur Börse«. Bemerkenswert an dem Bau von Zimmermeister Andreas Besen (um 1650–1715) ist die Fassadengestaltung mit den aus der Wand hervortretenden Erkern, Dachaufbauten und Bauteilen, die teilweise mit sogenannten Rautenkreuzen und den für Quedlinburg typischen Pyramidenbalkenköpfen sowie Schiffskehlen (Verzierung, deren Name sich vom Aussehen eines umgekehrten Schiffskiels ableitet) geschmückt sind. Am Steinweg befindet sich ein zweigeschossiger, dreiachsiger Kastenerker mit Zwerchhaus; der Erker an der Gebäudeecke ist hingegen polygonal ausgeführt.

Der zweigeschossige Fachwerkbau Lange Gasse 29 mit seinem steilen Satteldach und dem Zwerchhaus wurde im Jahr 1614 errichtet. Nicht nur die Stockschwelle zwischen Erdgeschoss und erster Etage ist üppig verziert, sondern auch die oberen Gefache, auf denen mit geschnitzten Ornamenten versehene Brüstungstafeln angebracht wurden. Die Schnitzereien zeigen Handwerkswappen mit Zirkel, Beil, Winkel und Hacke. Das Haus zählt zu den wichtigsten Fachwerkhäusern des frühen 17. Jahrhunderts in Quedlinburg.

Das mit Abstand schmalste Gebäude ist das Haus Wassertorstraße 19, welches auf der zur Straße zeigenden Seite nur 180 Zentimeter breit ist. Es entstand in der Zeit um 1740, besteht aus zwei Geschossen, von denen das obere etwas überragt, einem Mansardendach sowie im unteren Stockwerk einem Zwischengeschoss. Das Haus ist bei der geringen Breite über acht Meter tief und sitzt zur Gartenseite auf einem Sockel aus Bruchsteinen.

Zu den größten Fachwerkbauten sind dagegen die Häuser Word 1 und 2, Breite Straße 34 und besonders Steinweg 33

Die »Börse« im Steinweg 23, erbaut 1683 im so genannten »Quedlinburger Sonderstil« mit pyramidenförmigen Balkenköpfen.

von 1716 zu zählen. Die ersteren beiden Häuser mit der bemerkenswerten, fast durchgehenden dreistöckigen Fachwerkfassade über 19 Gefache sind imposante Erscheinungen mit auffälligen Rautenkreuzen in den Brüstungsfeldern. Das Haus Breite Straße 34 ist ein markant hervorstechender, dreistöckiger Bau mit 20 Gefachen zur Schulstraße und 24 Gefachen zur Breiten Straße. Das Gebäude entstand um das Jahr 1660 und diente zu

Wohn- und Speicherzwecken. Ebenfalls sehr groß ist der Bau Steinweg 33 aus dem Jahr 1716, der aus vier Stockwerken und 13 Gefachen besteht. Aufgrund seiner Lage dominiert er die T-Kreuzung mit der Ballstraße. Die Inschrift am Haus zeigt fromme Sprüche: »Wer Gott vertraut, hat wohl gebaut, im Himmel und auf Erden« und »Wo der Herr nicht das Haus erbaut so arbeiten umsonst, die daran bauen«.

Pietismus und Schwärmertum

Die rational durchstrukturierte lutherische Lehre vernachlässigte die Frömmigkeit und Spiritualität der Bevölkerung. Dieses Auseinanderfallen von Theologie und Frömmigkeit manifestierte sich in der nachreformatorischen Frömmigkeitskrise. Das Defizit religiöser Erfahrung des orthodoxen Luthertums wurde durch neue Formen kompensiert. Diese Entwicklung führte zur verbreiteten und wirkungsmächtigen Bewegung des Pietismus. Dieser entsprang neben dem Gefühl einer mangelnden Frömmigkeit dem Empfinden einer unzureichenden christlichen Lebensführung und dem Drang zur Überprüfbarkeit des persönlichen Glaubens.

Der Pietismus versteht sich dabei als eine bibelbasierte, laienhafte Heiligungsbewegung und betont die subjektive Seite des Glaubens. In der pietistischen Praxis haben Hauskreise (Konventikel) mit gemeinsamem Bibelstudium und Gebet eine große Bedeutung, fast vergleichbar mit Gottesdiensten.

Während in Quedlinburg die Stadtgeistlichkeit orthodox-lutherisch eingestellt war, fanden die Hauskreise doch eine so weite Verbreitung, dass die Stadt um 1700 als eine Hochburg des radikalen Pietismus angesehen werden kann. Auch die mitteldeutsche »Welle ekstatischer Geisterfahrungen« erreichte die Stadt und fand ihren Ausdruck im enthusiastischen Schwärmertum. Als erste erregte im Jahr 1692 die

Fachwerkbauten unterhalb des Schlossbergs. Insgesamt sind in Quedlinburg 2120 Fachwerkhäuser von der Spätgotik bis zum Klassizismus erhalten.

JOHANN ARNDT UND AUGUST HERMANN FRANCKE

Die Entwicklung des Pietismus steht vor allem in personeller Hinsicht stark mit dem Quedlinburger Stift in Verbindung. So gehört Johann Arndt (1555–1621) aus Ballenstedt, der in Helmstedt, Wittenberg, Straßburg und Basel studiert hatte und von 1599 bis 1609 Pfarrer in Quedlinburg war, zu den erfolgreichsten Erbauungsschriftstellern seiner Zeit. Auch der Lübecker August Hermann Francke (1663–1727), der in Erfurt, Kiel und Leipzig studiert hatte und aufgrund mehrfacher kurfürstlicher Befehle seine theologische Lehrtätigkeit einstellen und flüchten musste, kam dabei für einige Zeit nach Quedlinburg. Er war nach einem Bekehrungserlebnis im Jahre 1687 Pietist geworden und wandte sich vor allem Fragen der praktischen Frömmigkeit zu. Im toleranteren Kurbrandenburg bekam er später eine Stelle als Professor an der 1694 neugegründeten Universität Halle. Die Begründung der dortigen »Schulstadt« der Franckeschen Stiftungen wurde zu seinem Lebenswerk.

»Quedlinburger Magdalena« mit ihren Visionen landesweit Aufsehen. Noch weitere Personen gerieten bei ihrer Verkündigung des Pietismus mit der Obrigkeit in Konflikt: Der Goldschmied und Branntweinbrenner Heinrich Kratzenstein verkündete, radikale Visionen zu haben. Er war verheiratet, hatte mehrere Kinder und führte zunächst ein unauffälliges Leben. Nach einer Begegnung mit einem stiftischen Kammerfräulein verfiel er aber in obsessive Wahnvorstellungen, die einer Liebesbesessenheit ähnelten. Als er während eines solchen Anfalls versuchte, seine Ehefrau zu ermorden, und später den Oberhofprediger und allgemein das Predigtamt der Kirche angriff, wurde gegen ihn ein Verfahren eröffnet. Da neben dem Oberhofprediger auch die Medizinische Fakultät der Universität Leipzig als Gutachterin beteiligt war, ist der Fall vergleichsweise gut dokumentiert. Kratzenstein starb allerdings noch vor der Urteilsverkündung aufgrund der unmenschlichen Haftbedingungen. Sein Beispiel zeigt, wie im Stift gegen radikale Pietisten vorgegangen wurde.

Der nächste Fall betraf Johann Heinrich Sprögel (1644–1722), eigentlich als Hofdiakon in Diensten der Landeskirche.

Doch als er sich dem Pietismus zuwandte, führte dies zu jahrelangen Streitigkeiten mit der Quedlinburger Äbtissin Anna Dorothea (1657–1704), der Tochter Herzog Johann Ernsts II. von Sachsen-Weimar (1627–1683). Am Ende standen ein Prozess und seine Suspendierung, denn er wurde als »Mittelpunkt« oder »Vater« des Pietismus in Quedlinburg angesehen. Sprögel flüchtete sich nach Kurbrandenburg und erhielt eine Anstellung in Preußen.

Ganz anders gelagert ist der dritte Fall, in dem es um Gottfried Arnold (1666–1714) geht, einen Thüringer, der als Hauslehrer des Stiftshauptmanns nach Quedlinburg gekommen war. Er ging im Hause von Sprögel einer intensiven pietistischen Schriftstellerei nach. Sein Werk bildet dabei die Summe des kirchenkritischen Bewusstseins der radikalen Pietisten in Quedlinburg ab. Arnold genoss, vermittelt durch den Stiftshauptmann, das Wohlwollen seiner Schutzherren und konnte weitgehend unbehelligt seinen Studien der Orthodoxie nachgehen.

Letztendlich wurde der Pietismus in Quedlinburg mit brandenburg-preußischer Billigung gegen die Vorstellungen der Äbtissin toleriert und breitete sich immer weiter aus – ebenso wie die Machtbestrebungen der Schutzherren von Quedlinburg.

Im folgenden 18. Jahrhundert gingen von Quedlinburg noch andere Entwicklungen aus, die sehr langfristige Folgen hatten, wie der Werdegang der Dorothea Christiane Erxleben, geb. Leporin zeigt (s. S. 90).

Quedlinburg im Konflikt mit Sachsen und Brandenburg-Preußen

Von 1477 bis 1698 unterstand das Stift Quedlinburg der wettinischen Schutzherrschaft. Dabei standen die sächsischen Herzöge bzw. Kurfürsten als Erbvögte in einem Vasallenverhältnis zum Stift. Sie konnten deshalb – anders als bei lehnsabhängigen Grafen – kein Untertanenverhältnis gegenüber den Äbtissinnen konstruieren. Herzog Moritz war demnach nicht son-

DOROTHEA CHRISTIANE ERXLEBEN, DIE ERSTE PROMOVIERTE ÄRZTIN

Dorothea Christiane wurde 1715 als Tochter der Anna Sophia Leporin und des Arztes Christian Polykarp Leporin (1689–1747), des Quedlinburger Ratsphysikus, geboren. Das Mädchen war zwar zart und oft kränklich, aber auch sehr begabt und zeigte außergewöhnliche geistige Fähigkeiten. Ihr Vater unterwies sie gemeinsam mit ihrem Bruder in den Naturwissenschaften sowie in praktischer und theoretischer Medizin. Er nahm die beiden zu Patienten mit und ließ sich teilweise sogar von ihnen in seiner Praxis vertreten.

Dorothea durchlief dabei dieselbe Ausbildung wie ihr Bruder. Der Wunsch, mit ihrem Bruder zu studieren, erfüllte sich jedoch nicht: Trotz ihres breiten medizinischen Wissens blieb ihr der Zugang zur Universität zunächst verwehrt, bis sich ihr Vater an Friedrich II. von Preußen, den Großen (1712–1786), wandte, der 1741 die Universität Halle anwies, Dorothea Leporin zur Promotion zuzulassen.

Allerdings hatte Dorothea inzwischen den verwitweten Diakon Johann Christian Erxleben geheiratet und konnte das königliche Privileg vorerst nicht in Anspruch nehmen, denn sie erzog die fünf Kinder ihres Mannes, zusätzlich zu den vier eigenen. Als sie in ihrer Heimatstadt ohne Studium anfing zu praktizieren, wurde ihr von den ansässigen Ärzten angekreidet, dass sie keine formelle, universitäre Ausbildung habe. In ihrer Schrift »Gründliche Untersuchung der Ursachen, die das weibliche Geschlecht vom Studieren abhalten« wehrte sie sich 1740 gegen die Vorwürfe, eine Dilettantin zu sein.

Im Jahr 1747 übernahm sie trotz der Anfeindungen die Praxis ihres verstorbenen Vaters. Doch nachdem eine ihrer Patientinnen während der Behandlung gestorben war, wurde sie von anderen Ärzten wegen »medicinischer Pfuscherey« angezeigt. Daraufhin entschloss sich die nun 39-jährige Dorothea, ihr Studium und ihre Promotion nachzuholen. Im Januar 1754 reichte sie ihre Dissertation ein und legte am 6. Mai desselben Jahres an der Universität Halle/Saale ihr Promotionsexamen mit großem Erfolg ab. Als promovierte Ärztin führte sie ihr Leben weiter wie bisher und kümmerte sich um ihre Kinder, den Haushalt und ihre Patienten, bis sie im Jahr 1762 verstarb.

Dorothea Erxleben. – Die erste Frau, die im Fach Medizin promoviert wurde.

derlich davon angetan, der Äbtissin Anna II. eine Bestätigung ihres an ihn ausgegebenen Lehens ausstellen zu müssen. Er ließ sich denn auch zehn Jahre dafür Zeit.

Die schutzherrliche Politik der sächsischen Kurfürsten zielte darauf ab, das alte fürstliche Stift Quedlinburg dem Reich zu entziehen und dem Herzogtum Sachsen einzuverleiben. Herzog Moritz machte seine Einstellung zum Beispiel 1545 in seinem Streit mit Anna II. klar, als er ihr mangelnde Demut und Undankbarkeit vorwarf. Seine Vorfahren Ernst und Albrecht hätten 1477 nicht solch hohe Kriegskosten aufgewandt, »damit ein Füstentumb on füstliches einkommen uffgerichtet werde«. Moritz erkannte den Fürstentitel und Fürstinnenrang der Äbtissin Anna II. nie an. Dafür verwies er stets auf ihre gräfliche Geburt. Sie erwiderte darauf, dass ihr der Titel zwar nicht von Geburt her gebühre, dass eine Reihe von Kaisern ihn den Quedlinburger Äbtissinnen jedoch verliehen und bestätigt hätten. Diesen Standpunkt konnte sie durch die kaiserlichen Urkunden und durch Kaiser Karl V. selbst bestätigen lassen.

Der fürstliche Rang des Stiftes Quedlinburg spiegelte sich auch in der Reihenfolge der Abstimmungen auf den Kreistagen wider: Die Quedlinburger Gesandten waren immer vor allen Grafen und Herren an der Reihe. Dennoch versuchten die Herzöge und Kurfürsten über 200 Jahre lang mit unterschiedlichen Taktiken, das Stift Quedlinburg zu einem Teil Sachsens zu machen. Noch 1694 sollte der sächsische Kurfürst Friedrich August der Äbtissin Anna Dorothea von Sachsen-Weimar offen und unverblümt die Landeshoheit in ihrem Stift absprechen. Drei Jahre später verkaufte er die Erbvogteigerechtigkeit an den brandenburgischen Kurfürsten Friedrich III. Dieser ließ beide Städte Quedlinburg in den Morgenstunden des 30. Januar 1698 handstreichartig erobern: Am Sonntag gegen vier Uhr morgens, kurz vor dem Frühgottesdienst, erklang draußen vor dem Öringer Tor ein Posthorn. Als der Wachmann die Torpforte öffnete, hinderte ihn der feindliche Fourierschütze Paul Thide am schnellen Wiederverschließen, indem er seinen Flintenkolben zwischen Tür und Rahmen steckte. Eine Gruppe von Soldaten drängte nach und überwältigte die aus drei Mann bestehende Bürgerwache. Sogleich wurden die Krampen, Ketten und Schlösser abgeschlagen und die Torflügel weit geöffnet. Zwei Kompanien Infanterie marschierten unter der Führung des Exerziermeisters Fürst Leopold von Anhalt-Dessau ein. Auf dem Markt musste der Rat die Schlüssel zur Rathauswache und zu den Stadttoren übergeben.

Noch am selben Tage erfolgte die Übernahme durch Kurbrandenburg ohne Feierlichkeiten. An der Huldigung gegenüber dem Kurfürsten von 1698 waren insgesamt zwei Kompanien Fußsoldaten und über 50 Berittene beteiligt. Je zwei Reiter wachten rechts und links der Tribüne als Trabanten über die Quedlinburger Bürger. Die beiden Kompanien standen eine Front bildend dazwischen. Das Stift sah in dieser Machtdemonstration die Anwendung von Gewalt, um von den Untertanen den Eid zu erpressen. Trotz ihrer Pflicht zur Huldigung musste diese doch freiwillig und spontan erfolgen – Gewalt galt in diesem Zusammenhang als unrechtmäßig und relativierte die Verpflichtung der Untertanen.

Die Kompanien wurden in Quedlinburg einquartiert. Mit Brandenburg-Preußen als Schutzmacht kamen auch permanente Truppenbelegungen in die Stadt. 1802 wurde im Zuge der Säkularisierung im Vorgriff auf den 1803 verabschiedeten Reichsdeputationshauptschluss schließlich die Landesherrschaft Preußen übertragen. Das seit 936 existierende Damenstift selbst bestand als Einrichtung noch fort, und vorerst verfügte die Äbtissin auch weiterhin über einige ihrer alten Rechte. 1810 wurde das Stift dann jedoch endgültig aufgelöst. Die Gebäude auf dem Schlossberg gingen in den Besitz des preußischen Staates bzw. von 1807 bis 1813 des Königreichs Westphalen über.

Wirtschaftliche Blütezeit – das lange 19. Jahrhundert

Zuckerrüben und Pflanzenzucht

Als im Dreißigjährigen Krieg die Magdeburger Samenzucht stagnierte, kam es zur Verlagerung dieses Erwerbszweiges nach Quedlinburg. Zunächst verpachtete das Damenstift einige seiner Freiflächen an die stiftseigenen Gärtner. Später erwarben diese teilweise die Ländereien, wie den Dechaneigarten oder den Propsteigarten. Martin Grashoff gründete 1771 eine erste eigene Firma zur Produktion von Saatgut, und Heinrich Mette tat es ihm im Jahr 1784 gleich. Durch den Niedergang des frühneuzeitlichen Bierbrauereiwesens standen große Lagerhallen für eine Umnutzung bereit. Als die erste Zuckerfabrik des Regierungsbezirkes Magdeburg 1834 von Georg Chr. Hanewald in Quedlinburg eingerichtet wurde, führte dies zusätzlich zur raschen Entwicklung landwirtschaftlicher Zuliefer- und Großbetriebe.

Im Laufe des 18. und besonders im 19. Jahrhundert entwickelte sich ein beachtlicher Wohlstand aufgrund der Blumen- und Saatgutzucht. Städtebaulich fand dieser in einer Reihe von Jugendstilvillen seinen Ausdruck. Diese wurden auf den Freiflächen unmittelbar vor der mittelalterlichen Stadtmauer errichtet. Im ganzen 19. und im frühen 20. Jahrhundert gewannen die Saatzucht und der Handel mit Pflanzensamen derart an Bedeutung, dass sie als der mit Abstand wichtigste Wirtschaftsfaktor galten. Durch die Separation der Feldflur, die zwischen 1844 und 1858 durchgeführt wurde, verbesserten sich die Voraussetzungen, da durch die Zusammenlegungen deutlich größere Flächen entstanden. Einzelne Unternehmen setzten nun nicht mehr nur auf Erfahrungswissen, sondern bauten eigenständige Forschungslabore auf. Schließlich führte Gustav Adolf Dippe (1824–1890) als erster in Deutschland das systematische Ausleseprinzip von Einzelpflanzen und die Überprüfung der Nachkommenschaft ein.

Mit solchen Innovationen gelangte Quedlinburg im Bereich der Züchtungsforschung zu internationaler Geltung. Die konsequente Veredelung und Ertragssteigerung der Zuckerrübe bildete dabei einen besonderen Schwerpunkt. Daneben lag das Augenmerk der mehr als 20 größeren Betriebe, die sich über das ganze Stadtgebiet verteilten, auf der Erzeugung von Blumensamen und -zucht. Im ausgehenden 19. Jahrhundert entwickelte sich besonders die Firma der Gebrüder Dippe zu einem großen Industriebetrieb. Vom Haupthof im Neuen Weg aus verwaltete die Dippe AG ihre mehr als 2000 Mitarbeiter an den Standorten in Quedlinburg, Oschersleben und Halberstadt.

Später, während der Besetzung durch die Amerikaner am Ende des Zweiten Weltkrieges, scheint ein Großteil der Saatgutbestände in die USA abgeführt worden zu sein. Nochmals an die Traditionen der Saatzucht anzuknüpfen versuchten die volkseigenen Betriebe während der DDR-Zeit – allerdings vergeblich. Heute ist in Quedlinburg das Julius-Kühn-Institut des Bundesforschungsinstituts für Kulturpflanzen angesiedelt.

Das Quedlinburger Stadtbuch

Annette von Droste-Hülshoff (1797–1848) war nicht in Quedlinburg, selbst ihren Onkel August Freiherr von Haxthausen (1792–1866) hat es wohl nie dorthin verschlagen, aber eben jener erhielt um 1830 in Frankfurt am Main aus unbekannter Quelle eine »defecte Membranhandschrift«. Von Haxthausen wusste nichts mit der alten Handschrift anzufangen und schenkte sie deshalb dem Rechtswissenschaftler Carl Gustav Homeyer. Jener erkannte ihren Wert: »Sie ergab sich bei einer erst neuerdings angestellten Untersuchung als Rest eines Quedlinburger Stadtbuches aus dem 14ten Jahrhundert«, schrieb er 1860, und weiter: »Die Würdigung des Inhalts führte zu einer Vergleichung mit ähnlichen Denkmälern, dann weiter zu einer Zusammenstellung der über die sonstigen Stadtbücher des deutschen Mittelalters zugänglichen Nachrichten.«

Der Zufall der unverhofften Wiederauffindung dieses Quedlinburger Dokuments hat zur Gründung der systematischen Stadtbuchforschung geführt. Doch wie war es überhaupt verschwunden? Im 13. und 14. Jahrhundert waren ein paar Pergamente zusammengebunden, beschrieben und in den folgenden Jahrhunderten immer wieder mit Nachträgen versehen worden. Es wurden Rechtsbestimmungen notiert, Zinszahlungen, Steuerzahlungen und Nachrichten zur Stadtgeschichte. Lange nach der Reformation scheint das »alte vermoderte Buche« noch einmal als Rechtsmittel in einem Beschwerdeprozess benutzt worden zu sein. Danach war es vermutlich für fast 250 Jahre verschwunden, bis es in Frankfurt am Main wieder auftauchte. Nachdem Homeyer die Handschrift in Auszügen publiziert hatte, schenkte er sie der Stadt Quedlinburg, wo sie sich bis heute im städtischen Schlossmuseum befindet.

Garnisonsstadt

Von 1698 bis 1806 war Quedlinburg Standort einer brandenburgisch-preußischen Garnison gewesen, die bei den Bürgern einquartiert worden war. Besonders in Kriegszeiten wie dem Siebenjährigen Krieg (1756–1763) waren auch Einwohner der Stadt zum Wehrdienst herangezogen worden. In der Mitte des 19. Jahrhunderts kam es dann zu großen Heeresvermehrungen unter König Wilhelm von Preußen (1797–1888). Zu den seit 1815 in Quedlinburg stationierten Schwadronen des Kürassier-Regiments Nr. 7 kam später das 7. Landwehr-Reiter-Regiment hinzu. Im Jahr 1859 wurde ein Bataillon des Infanterie-Regiments Nr. 67 einquartiert und ab dem Jahr 1871 Teile des Infanterie-Regiments 165. Nach 1871 waren zwei Schwadronen Kürassiere, seit 1895 nur noch eine, in Quedlinburg stationiert.

Aus wirtschaftlichen Gründen bewarb sich die Stadtbehörde bei den Heeresvermehrungen immer wieder um weitere Garnisonen. Diesem Ansinnen kam die Militärführung 1905 nach und verlegte das I. und III. Bataillon des Infanterie-Regiments 165 mit dem Regimentsstab nach Quedlinburg. Im Ersten Weltkrieg sollten von den in Quedlinburg stationierten Truppen insgesamt 92 Offiziere, 3565 Unteroffiziere und einfache Soldaten auf dem sogenannten »Feld der Ehre« fallen.

Friedrich Gottlieb Klopstock und Quedlinburg

Auch Johann Wolfgang von Goethe war vermutlich nie in Quedlinburg, doch ein zu Lebzeiten des Dichterfürsten ebenfalls verehrter Künstler, Friedrich Gottlieb Klopstock, wurde 1724 als ältestes von 17 Kindern einer pietistischen Familie in der Stadt geboren. Er erlebte eine glückliche Kindheit, erst in seiner Geburtsstadt, später in Friedeburg an der Saale. Mit 13 Jahren besuchte der exzellente Reiter das Quedlinburger Gymnasium und kam mit 15 Jahren auf die sächsische Fürstenschule in Schulpforta bei Naumburg an der Saale, in der er eine gründliche humanistische Ausbildung erhielt. Noch auf der Schule entwarf er erste Pläne für sein späteres Werk »Messias«. Während seines anschließenden Studiums der Theologie, beginnend 1745 in Jena, schrieb er die ersten drei Akte des Stücks. Da er das Leben dort zu unkollegial fand, wechselte er im Frühling 1746 nach Leipzig, wo er sich einem Kreis junger Männer anschloss, die in der Schriftenreihe »Bremer Beiträge« publizierten. Hier erschienen 1748 anonym auch die ersten drei Akte des »Messias«.

In Leipzig wurde er bald bekannt und schrieb eine größere Zahl an Oden. Er verließ 1748 die Universität und wurde Privatlehrer bei Verwandten in Langensalza, wo die unerwiderte Liebe zu seiner Cousine (»Fanny« in seinen Oden) seinen Seelenfrieden erschütterte. So nahm er dankbar eine Einladung seines Freundes Johann Jakob Bodmer an, ihn in Zürich zu besuchen. Zunächst blühte Klopstock auf, später machte aber Neid der Freundschaft zu schaffen. An dieser Stelle erhielt er von Friedrich V. von Dänemark ein Angebot, sich in Kopenhagen mit einer jährlichen Lebensrente von 440 Talern niederzulassen, um den »Messias« zu vollenden. Drei Jahre seines Lebens sollte er in Dänemark verbringen. Auf dem Weg dorthin verliebte Klopstock sich 1754 in Hamburg in Margareta »Meta« Moller (»Cidli« in seinen Oden); die beiden heirateten. Allerdings dauerte die Ehe nur kurz, da Meta bereits 1758 starb, was Klopstock in eine tiefe Melancholie stürzte. Fast 30 Jahre lang konnte er sie nicht vergessen und besang sie in seinen Elegien, bis er 1791 – im Alter von 67 Jahren – die Hamburgerin Johanna Elisabeth Dimpfel, Margaretas Nichte, heiratete.

Das Klopstockhaus am Schlossberg. In dem um 1560 errichteten Fachwerkhaus wurde der Dichter 1724 geboren.

Von 1759 bis 1762 lebte Klopstock in Quedlinburg, Braunschweig und Halberstadt, dann bis 1771 in Kopenhagen. Endlich erschien 1773 der »Messias« vollständig. 1776 zog er auf Einladung des Markgrafen Karl Friedrich von Baden vorübergehend nach Karlsruhe. Auf dem Weg dorthin traf er mit Goethe zusammen. Mit dem Titel »Hofrat« und einer Pension vom Markgrafen kehrte er ein Jahr später nach Hamburg zurück, wo er den Rest seines Lebens verbrachte. Als er am 14. März 1803 starb, wurde er in ganz Deutschland betrauert und mit großem Pomp in Ottensen, nahe dem Grab seiner Frau, beerdigt.

In Quedlinburg informiert heute ein Museum über den berühmten Sohn der Stadt, und 1831 wurde im Brühl-Park ein von Karl Friedrich Schinkel und Christian Friedrich Tieck entworfenes Denkmal zur Ehren des Dichters eingeweiht. Im heutigen Klopstock-Museum, einem um 1560 errichteten Fachwerkbau, war der Dichter 1724 geboren worden. Der Großvater hatte das Haus 1702 erworben. Nachdem die Familie Klopstock den Bau 1809 nicht mehr halten konnte, wechselten die Besitzer. Von 1839 bis 1867 wohnte der Quedlinburger Maler und Zeichenlehrer Wilhelm Steuerwaldt (1815–1871) in dem Gebäude. Im

GUTHSMUTS, DER ERFINDER DES BASEBALLS

Nachdem sein Vater gestorben war, arbeitete der 1759 in Quedlinburg geborene Johann Christoph Friedrich GuthsMuts ab seinem 14. Lebensjahr als Hauslehrer, um seine Familie zu unterstützen und seinen eigenen Schulbesuch zu finanzieren. Er studierte von 1779 bis 1782 in Halle Theologie und wurde zunächst Erzieher des späteren Geografen Carl Ritter. Bis 1837 wirkte er als Lehrer für Gymnastik und Geografie an der Erziehungsanstalt Schnepfenthal. Hier verfasste er 1796 auch das Werk »Spiele zur Übung und Erholung des Körpers und Geistes«, in dem sich die erste bekannte Beschreibung der Regeln des Baseballs findet, das hier als »Englisches Base-Ball« beschrieben wird. Es sollte später eine der populärsten Sportarten unserer Tage und traditionsreichste US-amerikanische Sportart überhaupt mit bis zu 110 Millionen Zuschauern jährlich werden.

Nachdem GuthsMuts 1797 die Pfarrerstochter Sophie Eckardt aus Bindersleben bei Erfurt geheiratet hatte, lebten beide in Ibenhain, wo sie fünf Söhne und drei Töchter bekamen. Für den damals mit Friedrich Ludwig Jahn populär werdenden Gedanken der Wehrertüchtigung wurde ebenfalls das 1817 erschienene »Turnbuch für die Söhne des Vaterlandes« von GuthsMuts prägend – eine Art Katechismus der Turnkunst.

Am 21. Mai 1839 starb GuthMuts in Ibenhain und wurde auf dem kleinen Waldfriedhof neben dem ersten deutschen Turnplatz bei Schnepfenthal beigesetzt. In Quedlinburg wurde ein Denkmal unweit seines Geburtshauses Pölle 39 errichtet, auf dem GuthsMuts mit seinem Schüler Carl Ritter zu sehen ist.

angrenzenden Garten war 1780 ein Pavillon errichtet worden. 1897 kaufte schließlich die Stadt Quedlinburg das Haus – nicht zuletzt mit Hilfe der finanziellen Unterstützung des Klopstockvereins. Zum 175. Geburtstag des Dichters wurde 1899 eine Ausstellung eingerichtet, die zu runden Geburtstagen des Dichters – zum 200. im Jahr 1924, zum 250. im Jahr 1974 oder zum 275. im Jahr 1999 – regelmäßig erneuert wurde.

CARL RITTER, DER ERSTE MODERNE GEOGRAF

Der 1779 in Quedlinburg geborene Carl Ritter gilt neben Alexander von Humboldt als Begründer der wissenschaftlichen Geografie. Nachdem er seinen Vater im Alter von zwei Jahren verloren hatte, kam er auf die Salzmannschule in Schnepfenthal, wo er mit der Beobachtung der Natur auf Basis von Texten von Jean-Jacques Rousseau (1712–1778) in Berührung kam. Diese Erfahrungen beeinflussten Ritter sein Leben lang.

Nach der Schulzeit traf er 1795 Johann Jakob Bethmann-Hollweg, einen Frankfurter Kaufmann, der ihm ein Studium an der Universität Halle an der Saale ermöglichte und ihn 1798 als Hauslehrer für seine Kinder nach Frankfurt am Main holte. Für 15 Jahre studierte Ritter an der Universität in Halle, und danach von 1814 bis 1819 in Göttingen, wo er sich ausschließlich geografischen Studien widmete. In dieser Zeit heiratete er Lillie Kramer aus Duderstadt und schrieb die ersten beiden Bände seines Hauptwerks »Die Erdkunde im Verhältnis zur Natur und Geschichte des Menschen, oder allgemeine vergleichende Geographie als sichere Grundlage des Studiums und Unterrichts in physikalischen und historischen Wissenschaften«. 1819 wurde er Professor für Geschichte in Frankfurt, und im folgenden Jahr bekam er den ersten Lehrstuhl für Geografie in Deutschland an der neuen Berliner Universität. Seine beliebten Vorlesungen wurden von so gegensätzlichen Personen wie Otto von Bismarck, Albrecht von Roon, dem späteren preußischen Kriegsminister, oder Karl Marx besucht.

Seinen Doktorgrad erhielt Ritter 1821, und 1825 wurde er außerordentlicher Professor. 1828 war er unter den Mitbegründern der Gesellschaft für Erdkunde zu Berlin. Er starb 1859 in Berlin, wo er auch begraben wurde. In seiner Heimatstadt wurde Carl Ritter 1865 am Eingang zum Brühl ein Denkmal gesetzt.

Industrie und Eisenbahn

Die industrielle Entwicklung des 19. Jahrhunderts zeigte sich unter anderem in der Entscheidung, die mittelalterlichen Stadttore niederzulegen, um bequeme Durchfahrten zu ermöglichen. Als erstes fiel 1829 das Hohe Tor, 1849 und 1860 das innere und das äußere Gröperntor und 1855 im Westendorf das Viehtor und das Wassertor. Im Gegensatz zu anderen Städten blieben die Stadtmauer und die Stadttürme bis auf einige Straßendurchbrüche weitgehend unangetastet. Entscheidende Impulse für die industrielle Entwicklung waren der Bau der Kunststraße nach Halberstadt im Jahr 1843, der Eisenbahnlinie auf derselben Strecke im Jahr 1862 und der Trasse nach Ballenstedt im Jahr 1885. Fast zur gleichen Zeit begann auch der Bau der städtischen Gasanstalt. Die großräumigen Bauflächen südlich des Bodeflusses in unmittelbarer Nähe zum Bahnhof ermöglichten es 1865 dem Schmiedebetrieb Paul Leder, eine neue industrielle Fertigung aufzunehmen. In kurzer Zeit baute die Firma einen innovativen Industriebetrieb, der Präzisionswerkstücke aus Hartguss fertigte und sich damit auch auf dem Weltmarkt behaupten konnte. In der unmittelbaren Nachbarschaft etablierte sich 1877 die Maschinenfabrik Steinle & Hartung GmbH, ein damals ebenfalls hochmodernes und wirtschaftskräftiges Unternehmen.

1841 wurden das königliche Kreisgericht gegründet und ein neues Gefängnis in der Weberstraße errichtet. Nachdem bei Unruhen im März 1848 eine empörte Volksmenge das Haus des Getreidehändlers Reidemeister am heutigen Dippeplatz verwüstet hatte, wurde eine Volkswehr eingerichtet. Doch das 19. Jahrhundert hatte auch seine Schattenseiten: Zwei Choleraepidemien wüteten in dieser Zeit in Quedlinburg: 1850 raffte die Krankheit 431 Einwohner dahin und 1866 noch einmal 436.

Im ausgehenden 19. und beginnenden 20. Jahrhundert waren die Saatzuchtfirmen die größten Arbeitgeber (s. S. 94f). Der jährliche Absatz an Saatgut war bis vor dem Ersten Weltkrieg auf 1 Million Zentner bzw. 50 000 Tonnen gestiegen.

MIT FONTANES »CÉCILE« DURCH QUEDLINBURG

Theodor Fontane besuchte 1884 Quedlinburg. Ein Ausflug führte ihn von Berlin mit der Eisenbahn nicht nur in den nahegelegenen Ort Thale, wo er drei Wochen im Hotel »Zehnpfund« verbrachte, sondern auch nach Quedlinburg. Aufgrund seiner Erfahrungen konnte Fontane diese Orte in seinem Roman »Cécile« detailliert beschreiben. Seine Schilderung ist an präzisen Beobachtungen und ironischen Anspielungen kaum zu übertreffen, wie aus folgender kurzer Kostprobe hervorgeht, die den Besuch einer kleinen Gesellschaft – bestehend aus Cécile von St. Arnaud, ihrem Mann Pierre, dem Zivilingenieur Robert von Gordon und der Malerin Rosa Hexel – im Schloss beinhaltet. Die Gruppe besucht das Museum, in dem sie aber durch leere Räume geführt wird; einzig die Schilderungen des Kastellan genannten Museumsführers helfen dabei, sich vorzustellen, was dort zu früheren Zeiten zu sehen gewesen wäre. Dies spielt auf den Ausverkauf des Stiftes zu Beginn des 19. Jahrhunderts an:

»›Allerliebst‹, sagte St. Arnaud. ›Im ganzen genommen ist mir die Geschichte lieber als der Spiegel‹, eine Meinung, die von Gordon und Rosa vollkommen, keineswegs aber von Cécile geteilt wurde. Diese hätte sich gern in dem Kristallspiegel gesehen und war während der zweiten Hälfte der ihr viel zu weit ausgesponnenen Erzählung an ein offenstehendes Balkonfenster getreten, das nicht nur einen Blick auf das Gebirge, sondern auch auf die weiten Gartenanlagen hatte, die sich, im Halbkreis, um die Schloßfundamente herumzogen (…); was aber das Auge Céciles bald ausschließlich in Anspruch nahm, war ein Sandsteinobelisk von mäßiger Höhe, der, halb in dem Schloßunterbau drinsteckend, hautreliefartig aus einer alten Mauerwand vorsprang. Der Sockel war mit Girlanden ornamentiert und schien auch eine Inschrift zu haben. ›Was ist das?‹, fragte Cécile. ›Ein Grabstein.‹ ›Von einer Äbtissin?‹ ›Nein, von einem Schoßhündchen, das Anna Sophie, Pfalzgräfin bei Rhein und vorletzte Fürst-Abbatissin, an dieser Stelle beisetzen ließ.‹ ›Sonderbar. Und mit einer Inschrift?‹ ›Zu dienen‹, antwortete der Kastellan. Und den Damen ein Opernglas überreichend, das er zu diesem Behufe stets mit sich führte, las Cécile: ›Jedes Geschöpf hat eine Bestimmung. Auch der Hund. Dieser Hund erfüllte die seine, denn er war treu bis in den Tod.‹

Gordon lachte herzlich. ›Denkmal für Hundetreue! Brillant. Wie sähe die Welt aus, wenn jedem treuen Hunde ein Obelisk errichtet würde. Ganz im Stil einer Barockprinzessin.‹«
Fontane ist tatsächlich ein bis heute erhaltener Obelisk gezeigt worden, der wohl 1677 errichtet wurde und tatsächlich folgende im Original französische Verse zeigt: »Im schwierigen Zustand des Lebens hat jedwedes Wesen seine Pflichten zu erfüllen, eine erfüllte macht hundert und eine Freude.«

Die Ära Gustav Brecht

Fontanes »Cécile« ist besonders insofern für Quedlinburg von Interesse, als über die Zustände der Stadt im 19. Jahrhundert bisher nur wenig geschrieben wurde. Bekannt ist allerdings, dass sie untrennbar mit dem damaligen Oberbürgermeister Gustav Brecht verbunden waren.

Er war gerade einmal 30 Jahre alt, erst seit einem Jahr Hilfsrichter am Berliner Kreisgericht und ohne jede kommunalpolitische Erfahrung, als er zum Bürgermeister von Quedlinburg berufen wurde. Doch die Stadt sollte die Wahl von Gustav Brecht nicht bereuen: Wie kaum ein anderer hat er die städtische strukturelle Entwicklung vorangetrieben. Der am 14. Juni 1830 in Groß Quenstedt geborene Pfarrerssohn Brecht hatte in Halle und Berlin Rechtskunde studiert und sich aktiv an der Revolution 1848/49 beteiligt. Als er später zum Bürgermeister von Potsdam gewählt wurde, machte der preußische König von seinem Vetorecht Gebrauch. So wurde Brecht stattdessen von 1860 bis 1890 Bürgermeister der Stadt Quedlinburg. Anschließend wurde er Oberbürgermeister und behielt dieses Amt bis zum Jahr 1895. In den Jahren zwischen 1865 und 1872 lehnte er Berufungen als 2. Bürgermeister nach Königsberg und Berlin sowie als 1. Bürgermeister nach Nordhausen und zweimal nach Königsberg nach kurzem Schwanken ab.

In seiner Amtszeit erhielt die Stadt Quedlinburg einen gewaltigen Modernisierungsschub – die Errichtung einer städtischen Gasanstalt (1863) und eines Wasserwerkes (1882) –, bei dem Brecht dennoch großes Augenmerk auf die Erhaltung des alten Stadtbildes mit seiner Holzarchitektur und den noch erhaltenen Stadtmauerteilen legte. Rückblickend schrieb er: »Als ich die Verwaltung der hiesigen Stadt übernahm, fand sie sich in einigen wichtigen Beziehungen außerordentlich verbesserungsbedürftig. Am meisten waren vernachlässigt das Schulwesen und die öffentliche Gesundheitspflege, insbesondere die Sorge für das Wohnungsbedürfnis, für öffentliche Reinlichkeit und für den Straßenbau. Dann auch fand ich keinerlei Verständnis vor für öffentliche Verschönerungen und für Erinnerungen an die eigene Vergangenheit. Natürlich war auch die Organisation der Verwaltung sehr zurückgeblieben, insbesondere die des Kassenwesens in dem schlimmsten Zustande. Glücklicherweise zeigte sich überall die Überzeugung von der Notwendigkeit eingreifender Umgestaltungen, aber die Unbeweglichkeit war so groß geworden, daß auch die naheliegendsten Reformen erst mühsam zu erkämpfen waren.«

Brecht stellte das Feuerlöschwesen der Stadt auf eine zuverlässige Basis und ließ eine städtische Turnhalle erbauen. Besonders eifrig förderte er die Schaffung der Gernroder-Harzgeroder Eisenbahn-Gesellschaft, da er sich aus der damit verbundenen Erschließung des Unterharzes einen wirtschaftlichen Aufschwung seiner Stadt versprach.

Neben seinem Amt als Bürgermeister betätigte Brecht sich auch als bedeutender Regionalhistoriker und Mitglied des Harzvereins für Geschichte und Altertumskunde e. V. sowie der Historischen Kommission für Sachsen und Anhalt. Er ließ eine fast vollständige Sammlung der Quedlinburger Münzen anlegen, die Urkundenbücher ausarbeiten und den 1477 zerbrochenen »Roland«, dessen Reste auf dem Hof des Ratskellers lagen, wieder aufstellen. Er fand 1869 auch weitere Fragmente der sogenannten Quedlinburger »Itala«, einer Handschrift einer mutmaßlich für Papst Damasus I. (um 305–384) angefertigten Prachtbibel. Als Besonderheit enthielt diese eines der ältesten Zeugnisse eines lateinischen Bibeltextes vor der »Vulgata« des Hieronymus (347–419). Erste Funde dieser Bibel, die als Einbände eines Verzeichnisses von Quedlinburger Pfarreinnah-

Oberbürgermeister Gustav Brecht vor 1905. – Während seiner Amtszeit fanden umfangreiche Modernisierungen der Infrastruktur und Verwaltung statt.

men der Jahre 1617/18 verwendet worden waren, hatte George Adalbert von Mülverstedt (1825–1914) bereits vier Jahre zuvor gemacht. Vom Herzog von Anhalt erhielt Brecht des Weiteren den Hausorden Albrechts des Bären und vom König von Preußen den Roten Adlerorden.

Für den Ehrenbürger der Stadt Quedlinburg steht ein Denkmal in der städtischen Parkanlage Brühl. Sein Grabmahl – er starb am 7. Februar 1905 – befindet sich bis heute auf dem Zentralfriedhof. Der 2001 zum Quedlinburger Bürgermeister gewählte Eberhard Brecht ist ein direkter Nachfahre von Gustav Brecht.

Mit dem Kaiser in den Ersten Weltkrieg

Ein Jahr nachdem Oberbürgermeister Gustav Brecht 1895 in den Ruhestand getreten war, ernannte ihn die Stadt zu ihrem Ehrenbürger. Die Zeitgenossen waren jedoch mehr auf Bismarck ausgerichtet, den sie im gleichen Jahr ebenfalls zum Ehrenbürger machten und dem sie einen bis heute stehenden Turm bauten.

Unter dem neuen Bürgermeister Ernst Bansi (reg. 1895–1924) wurde eine ganze Reihe von Infrastrukturmaßnahmen durchgeführt. So wurde ein städtischer Schlachthof errichtet, 1902 ging das Elektrizitätswerk in Betrieb und das städtische Gas- und Wasserwerk wurde erweitert. Auch am Marktplatz der Altstadt änderte sich Einiges: So wurde das Gildehaus der Schmiede am Südwestende des Platzes, dem Standort der mittelalterlichen Münzprägestätte, abgebrochen und machte einem großen steinernen Verwaltungsgebäude Platz. Ein ähnliches Schicksal ereilte die Marktmühle am Anfang der Steinbrücke, die dem bis heute dort stehenden Steinbau weichen musste. Hinter dem Rathaus wurde der sogenannte Fleischscharren abgerissen, um für die dringend notwendigen Erweiterungsbauten des Rathauses Platz zu schaffen. Außerhalb der Altstadt weihte man 1906 die neue St.-Johannis-Hospitalkirche ein, die für die Bewohner der Süderstadt Raum für den Gottesdienst schuf. Im Jahr darauf wurde das neuerbaute städtische Krankenhaus eingeweiht. Zu DDR-Zeiten wurde hier viel medizinisches Personal aus befreundeten sozialistischen Ländern in Afrika und Asien ausgebildet. Nach der Wiedervereinigung wurde die Anlage mit großen Neubauten ergänzt und grundlegend modernisiert.

Erst 1909 wurde die städtische Kanalisation in Betrieb genommen. Im gleichen Jahr rückten der Regimentsstab sowie das I. und III. Bataillon des Infanterie-Regiments 165 in Quedlinburg ein und bezogen Garnison im neuerbauten Kasernenkomplex an der Halberstädter Straße. Der stetig steigende Gasbedarf der Stadt führte darüber hinaus bald zum Neubau der städtischen Gasanstalten.

Für den Kaiser zogen die in Quedlinburg stationierten Bataillone 1914 in den Krieg. Der Zeitgenosse Hermann Lorenz schrieb dazu, dass die »im Weltkrieg als hervorragende Truppe

Jugendstilvilla vom Architekten Max Schneck, 1903 an der Steinbrücke 11 erbaut.

Junge Afrikanerinnen, die um 1963 in Quedlinburg zu Krankenschwestern ausgebildet wurden.

bewährte (u. a. gleich am Anfang bei der überaus kühnen Besetzung von Lüttich unter Führung des Generals von Luden-dorff) unter Oberstleutnant von Weller in bester Manneszucht zurückkehrte und im Laufe des Jahres 1919 aufgelöst« wurde. Mit Lorenz empfanden viele andere Quedlinburger das Kriegs-ende als schlimmen Schmachfrieden und forderten vermeint-lich patriotisch eine unbedingte Kriegsfortsetzung: »Lieber ein Ende mit Schrecken, als ein Schrecken ohne Ende.« Die vielen Verwandten der Gefallenen, deren Namen auf großen Tafeln in den Eingangsbereichen der Kirchen teilweise bis heute von dem Kriegswahnsinn Zeugnis ablegen, sahen das vermutlich anders. Die Anlage eines Ehrenfriedhofes für die vielen in den Lazaretten vor Ort verschiedenen Kriegsteilneh-mern war wohl eher ein Ausdruck der Trauer, als dass sie Hoffnung gegeben hätte. Nicht weniger schlimm traf es aber die internierten Feinde.

Kriegsgefangene vor der Stadt

Im Laufe des Ersten Weltkrieges verdoppelte sich die Anzahl der Menschen in Quedlinburg fast, allerdings unfreiwillig: Als die Kämpfe begannen, glaubten alle an eine überwältigende deutsche Überlegenheit und ein schnelles Ende. Die Fronten in Frankreich erstarrten jedoch schnell in unbeweglichen Stellungen. In den Jahren 1914 bis 1919 wurden auf allen Seiten so viele Gefangene gemacht wie nie zuvor. Bald mussten Lager errichtet werden, um der großen Zahl Herr zu werden. Eines der 175 in Deutschland errichteten Lager wurde zwei Kilometer nördlich von Quedlinburg auf dem sogenannten Ritteranger errichtet. Fast 17 000 Kriegsgefangene kamen bis Kriegsende hier unter, obwohl jede der 48 Baracken auf nur 200 bis 250 Gefangene, also insgesamt knapp 10 000 bis 12 500 ausgelegt war. Viele von ihnen mussten in der Landwirtschaft arbeiten. Die Gefangenen kamen aus den kriegsteilnehmenden Nationen, also aus Russland, Frankreich, Italien, Belgien und England.

Kriegsgefangenenlager bei Quedlinburg während des Ersten Weltkrieges.

Obwohl sich die Leitung des Lagers bemühte, die Gefangenen medizinisch zu versorgen, beispielsweise durch Impfungen, konnte die durchgehende Versorgung mit Grundnahrungsmitteln nur unzureichend gewährleistet werden. Über 700 der Gefangenen starben im Laufe der Kriegsjahre – viele also, aber dennoch weniger als in anderen Lagern. Die Toten wurden auf dem Zentralfriedhof im Südosten der Stadt beigesetzt. Französische Kameraden widmeten den Verstorbenen ein eigenes Denkmal mit ihren Namen. Nach dem Ende des Krieges durften die englischen, französischen, belgischen und italienischen Gefangenen nach Hause zurückkehren. Die russischen blieben deutlich länger, da sich die Verhältnisse in ihrer Heimat aufgrund der Revolution 1917 und des Sturzes des Zaren grundlegend geändert hatten. Teilweise versuchten deutsche Verantwortliche, aus den ehemaligen Gefangenen neue Armee-Einheiten zu rekrutieren, die dann im Krieg in Weißrussland eingesetzt werden sollten. Deshalb wurde das Lager in Quedlinburg noch eine Weile als Durchgangslager weitergeführt und erst 1922 niedergebrannt.

Quedlinburg in der Weimarer Republik

Die Stadtverordneten – 1919 erstmals unter weiblicher Beteiligung gewählt – beschlossen aufgrund der überall herrschenden Wohnungsnot bald ein städtisches Wohnungsbauprogramm. Die folgenden Jahre waren geprägt von der Einrichtung vieler Ämter, wie eines staatlichen Finanzamtes, des Wohnungsamtes, des Arbeitsamtes, des Wohlfahrtsamtes und nicht zuletzt eines städtischen Milchhofes zur Versorgung der Kinder mit Milch.

Infolge des Kapp-Putsches im März 1920 kam es auch in Quedlinburg zu schweren Unruhen. Dabei kämpften die lokalen Polizei- und Armee-Einheiten gegen Freischärler insbesondere im Gebiet des Strohberges und an der Stumpfsburger Brücke. Sieben Soldaten und 14 Zivilisten aus Quedlinburg kamen dabei ums Leben. Die Zahl der auswärtigen Getöteten ist unbekannt. Nach der Wiederherstellung der zivilen Ordnung

DER FRANZÖSISCHE GEFANGENE THÉOPHILE RADIN

Die abstrakten Dimensionen von Lagerhaft werden insbesondere dann fassbar, wenn konkrete Beispiele herangezogen werden: Théophile Radin wurde 1889 in Pierric in Frankreich geboren. Später ließ er sich in Langon nieder. Unmittelbar vor dem Ausbruch des Ersten Weltkrieges verlobte er sich mit Suzanne Guilmeaux, der Tochter von Marie-Louise Oger und François-Pierre Guilmeaux. Im Herbst 1916 bewilligte ihm Oberstleutnant Vannière, der das 241. Infanterieregiment befehligte, Heimaturlaub. So heiratete er seine Suzanne in Angers. Nur sehr wenige Männer seines Regiments sollten aus dem Krieg zurückkehren.

Im Mai 1917 wurde das 241. Regiment aufgeteilt; Théophile wurde in das 7. Infanterieregiment überstellt, das sehr große Verluste erlitt. Er wurde verwundet und wahrscheinlich im September 1917 von den Deutschen gefangen genommen. Aus der Zeit seiner Internierung ist – ganz im Gegensatz zu der übrigen Zeit, die er an der Front verbracht hatte – kein Brief überliefert. Ein Jahr später, am 31. August 1918, starb er in der Quarantänestation des Quedlinburger Kriegsgefangenenlagers an den Folgen der Verwundungen und einer Brustfellentzündung, die er sich in der Gefangenschaft zugezogen hatte. Er wurde zunächst auf dem Zentralfriedhof bestattet. Zu Heiligabend 1925 wurden seine sterblichen Überreste exhumiert und gelangten über Sarrebourg (Mosel) nach Angers. Der weitere Verbleib ist bisher unbekannt.

konzentrierte sich die ganze Stadt auf die Tausendjahrfeier der ersten urkundlichen Erwähnung (922) der Stadt, die am 22. April 1922 feierlich begangen wurde.

Die folgenden Jahre waren von der großen Inflation geprägt, die ganz Deutschland als Spätfolge des Ersten Weltkrieges heimsuchte. Und es kam noch schlimmer: Im Winter des Jahres 1925/26 sammelte sich sehr viel Wasser in den Zuflussgebieten der Bode im Harz. Zu Silvester 1925 stieg der Wasserspiegel so stark an, dass ein verheerendes Hochwasser alle Brücken in Quedlinburg zerstörte. Die gesamte Infrastruktur wurde dabei weitgehend lahmgelegt. Die mitgeführte Wassermenge lag bei 350 Kubikmeter pro Sekunde; im Sommer sind es sonst nur 0,35 Kubikmeter pro Sekunde. Die Wiederaufbauarbeiten wurden durch wiederholt auftretende spätere Hochwasser behindert. Erst mit dem Bau der Rappbode-Talsperre, die von 1952 bis 1959 errichtet wurde, endete die Hochwassergefahr dauerhaft.

In der Folge des Ersten Weltkrieges und der Inflation verschlechterte sich die wirtschaftliche Situation in Deutschland wie in Quedlinburg – eine Ausgangslage, die den Boden für die Machtübernahme radikalerer Kräfte bereitete.

Quedlinburg im Dritten Reich

In den von Hindenburg neu ausgeschriebenen Reichstagswahlen am 5. März 1933 lag im Stadtkreis Quedlinburg die Wahlbeteiligung mit 92,9 Prozent sehr hoch. Insgesamt wurden 17 111 gültige Stimmen abgegeben. Mit mehr als 56 Prozent erreichte die NSDAP in der Stadt deutlich über dem Reichsdurchschnitt (43,9 Prozent) liegende Werte. Insgesamt verteilten sich die Stimmen wie folgt:

Partei	Stimmen	Anteil
NSDAP (Nationalsozialistische Deutsche Arbeiterpartei)	9602	56,2 %
SPD (Sozialdemokratische Partei Deutschlands)	3715	21,7 %
KPD (Kommunistische Partei Deutschlands)	1692	9,9 %
Zentrum	252	1,5 %
DNVP (Kampffront Schwarz-Weiß-Rot)	1495	8,7 %
DVP (Deutsche Volkspartei)	201	1,2 %
DDP (Deutsche Staatspartei)	121	0,7 %
Christlich-sozialer Volksdienst	29	0,2 %
Andere Parteien	3	0,02 %

Die Stadt ernannte Adolf Hitler 1933 direkt zum Ehrenbürger; nach dem Krieg verlor er diesen Status aber wieder. Persönlich war er jedoch nicht in Quedlinburg anwesend. Sein Besuch war zwar schon angekündigt, ein Zimmer im Hotel am Bahnhof bereits bezugsfertig, die Straßen waren gesäumt von Schülern und Schaulustigen, aber am Ende erschien Hitler nicht. Dies hatte unter anderem damit zu tun, dass der zweithöchste Mann innerhalb der nationalsozialistischen Hierarchie, Heinrich Himmler, sich in Quedlinburg im Rahmen der Feierlichkeiten am 2. Juli zum Todesjahr König Heinrichs I., die ab 1936 unter Himmlers Regie alljährlich abgehalten wurden, ausgiebig feiern ließ.

HIMMLERS HEINRICH-KULT

Als die Tausendjahrfeier (936–1936) des Todestages König Heinrichs I. näher rückte, wurde dies von der SS als ein »propagandistisches Geschenk« angesehen. Die Stadt selbst hatte 1935 bei höchsten Reichsstellen um Unterstützung für die Ausrichtung der Feierlichkeiten am 2. Juli 1936 nachgesucht. Die Organisation übernahm aber schon sehr bald der Reichsführer der SS, Heinrich Himmler. Er besuchte die von Fackeln und Flaggen dominierten Veranstaltungen und bildete dabei den Mittelpunkt, insbesondere wenn er sich zum »Zwiegespräch« mit dem alten König in die Krypta zurückzog. 1938 ließ Himmler die Wipertikrypta und die St.-Servatius-Kirche beschlagnahmen und zu »Weihestätten des deutschen Volkes«, später zu »Weihestätten der SS« umbauen. Dabei führte die SS unter der Leitung von Obersturmführer Dr. Rolf Höhne auch – methodisch höchst zweifelhafte – Grabungen im Bereich der Krypta durch, um die sterblichen Überreste Heinrichs I. zu finden. Unter dem enormen Erfolgsdruck wurden 1937 Knochen als Überreste des Königs präsentiert. Die angeblich wiederaufgefundenen Gebeine wurden in einer mitternächtlichen Zeremonie beigesetzt.

1938 ließ Himmler die »König-Heinrich-I.-Gedächtnisstiftung« gründen. Lange hatte er nach einem »germanischen« Vorbild für sich selbst gesucht. Im ersten sächsischen König glaubte er dieses gefunden zu haben. Himmler sah sich selbst in der Tradition der von Heinrich überlieferten Ostpolitik gegenüber den Slawen. Aus seinem Umgang mit dem König wurde gar abgeleitet, dass er sich für eine Reinkarnation König Heinrichs I. gehalten habe.

Hitler hat an den Feierlichkeiten in Quedlinburg allerdings nie teilgenommen, da er sich schon bei anderen Inszenierungen Himmlers peinlich berührt gefühlt haben soll. Bis 1944 wurden die Feiern jährlich am 2. Juli abgehalten. Aufgrund des Kriegsausbruches nahm Himmler aber nur bis 1939 persönlich an ihnen teil. Nach 1945 wurde das Grab Heinrichs I. wieder geöffnet. Dabei entpuppten sich die 1937 beigesetzten Knochen als plumpe Fälschung.

Heinrich Himmler bei der dritten Heinrich-Feier in der St.-Servatius-Kirche in Quedlinburg, 1938.

Pogromnacht 1938

Die Ereignisse in Quedlinburg während der Reichspogromnacht 1938 lassen sich anhand von Zeitzeugenaussagen folgendermaßen darstellen: Als es am Nachmittag des 9. November schon dämmrig wurde, kam eine »SA-Horde« von etwa 30 bis 40 Personen aus deren Hauptquartier, der im Volksmund so genannten »SA-Kaserne« im Neuen Weg 7. Als die Gruppe auf die Steinbrücke Richtung Markt einbog, sangen die Teilnehmer das Lied »Es zittern die morschen Knochen«. Als die Textzeile »Wir werden weiter marschieren, bis alles in Scherben fällt« erreicht wurde, schlugen einige mit aller Gewalt die Scheiben eines jüdischen Geschäftes ein. Schreiend und drangsalierend verschaffte sich die Gruppe Zutritt. Sie verwüstete den Laden und warf von innen die Schaufensterpuppen durch die Fensterscheiben. Die SA-Männer liefen grölend weiter und demolierten als nächstes das Geschäft von Richard Herz in der Steinbrücke. Noch Tage danach hing über den kaputten Schaufenstern eine große dicke Stoffpuppe mit einer langen, hakenförmigen Nase, die symbolisch erhängt worden war. Der Besitzer wurde von aufgehetzten Jugendlichen an einem Strick um den Hals über den Markt gezogen, wobei er ein hölzernes Kreuz auf dem Rücken tragen musste.

Auch die Schaufenster des jüdischen Wäschegeschäftes »Kaisers & Co« wurden eingeworfen, der Laden gestürmt und die Wäscheauslagen aus den Fenstern auf den Markt geworfen. Die Inhaberin des Geschäftes, Frau Simon, stand laut Augenzeugenberichten totenbleich hinter ihren kaputten Schaufenstern. In der Breiten Straße wurde der Laden »FA. Rabe« zerstört. Anschließend demolierte die Horde das Geschäft von Familie Sommerfeld am Mathildenbrunnen an der Ecke vom Steinweg zur Pölkenstraße. Am nächsten Tag legte der Inhaber Sommerfeld seine während des Ersten Weltkriegs erhaltenen Eisernen Kreuze I. und II. Klasse in eines der kaputten Schaufenster. Auf einem daneben platzierten Schild stand: »Der Dank des Vaterlandes ist Dir gewiss.« Nachdem die Sommerfelds enteignet worden waren, wurde das Schild Tage später von den Nazis ersetzt mit der Aufschrift: »Dieser Laden ist arisch.«

Nach dem Krieg lebten keine Quedlinburger jüdischen Glaubens mehr in der Stadt. Die Schicksale der jüdischen Mitbürger waren sehr unterschiedlich. Einige konnten nach Amerika oder Palästina fliehen, andere wurden in Konzentrationslager deportiert. Doch diese waren nicht weit weg – auch in Quedlinburg und der Umgebung gab es einige Außenlager.

Die Konzentrationslager am Kleers und in Quarmbeck

In Quedlinburg befand sich eines der fünf Außenlager des Konzentrationslagers Mittelbau-Dora. Es war ausschließlich mit italienischen Kriegsgefangenen belegt. Wahrscheinlich wurde es im September 1944 eingerichtet, als 21 Italiener hierher verlegt wurden, zu denen eine Woche später 19 weitere hinzukamen. In zwei Listen vom 1. November 1944 und vom 31. März 1945 wurden 58 Gefangene genannt. Laut Gregorio Pialli, der später seine Erinnerungen an das Lagerleben veröffentlichen sollte, wurden die Gefangenen in verschiedenen Häusern der Stadt untergebracht. Später wurden sie dann in der Kleersturnhalle, einem Bau aus dem 19. Jahrhundert, interniert. Sie arbeiteten an der Starkstromleitung im Bereich Frose-Bleicherode, die den Industriekomplex nahe Niedersachswerfen im Südharz versorgen sollte. Wegen des harten Winters fanden im Januar und Februar 1945 keine Bauarbeiten statt; in dieser Zeit räumten die Gefangenen Schnee. Da nur italienische Häftlinge im Lager waren, wurde es nicht evakuiert, als 1945 die Amerikaner näher rückten. Am 11. April räumten die Gefangenen noch die Trümmer eines Artillerieangriffs von der Straße, und am nächsten Morgen waren die SS-Bewacher verschwunden. Am 14. April schlugen sich einige der italienischen Gefangenen um Pialli zu den Amerikanern durch, andere wurden bis zu deren Ankunft am 19. April in Kellern versteckt.

Ein zweites Lager mit 45 bis 60 Gefangenen aus dem Konzentrationslager Buchenwald lässt sich vom 20. April 1942 bis zum 6. Januar 1943 in der Nähe des Fliegerhorstes in Quarmbeck belegen. Der dort 1927 angelegte Verkehrslandeplatz Quedlinburg-Quarmbeck – prominentester Flugschüler war Heinz Rühmann – war von 1934 bis 1936 zu einem Schulungszentrum für Militärflieger ausgebaut worden. Dafür wurden zunächst 500 Maurer aus dem Eichsfeld und aus Limburg eingesetzt, später auch kriegsgefangene Zwangsarbeiter.

Im Krematorium auf dem Quedlinburger Zentralfriedhof wurden die sterblichen Überreste von mindestens 912 Toten aus dem nahegelegenen Konzentrationslager Langenstein-Zwieberge, einem Außenlager des KZ Mittelbau-Dora, verbrannt. Auf dem Gottesacker erinnert ein Gedenkstein in unmittelbarer Nähe des Krematoriums an die Toten, deren Asche seit Dezember 1944 an dieser Stelle verscharrt wurde.

**DER NIEDERLÄNDISCHE KZ-HÄFTLING
FRANS VON FISENNE**

Besonders plastisch zeigen sich die Auswirkungen der national-sozialistischen Verbrechen an Einzelschicksalen wie dem von Frans von Fisenne, 1914 in Den Haag geboren. Er fuhr sehr gern mit dem Fahrrad durch die Umgebung seiner Heimatstadt, spielte Tennis, fuhr Schlittschuh oder Ski. Da er die Natur liebte, legte er sich einen kleinen Gemüsegarten an. Er war musikalisch, spielte Klavier, sang gern und liebte klassische Musik, schrieb Gedichte. 1935 begann von Fisenne ein Studium an der römisch-katholischen Universität Nijmegen, das er 1942 abschloss. Im November 1942 wurde er stellvertretender Gerichtsschreiber am Kantonsgericht in Den Haag. 1943 musste er Unterkunft in einer Pension nehmen, in der sich zu dieser Zeit ein jüdischer Mitbürger vor den Nazis versteckt hielt. Während einer Razzia im März des Jahres durchsuchte die Sicherheitspolizei das gesamte Haus und entdeckte ihn. Wegen des Besitzes eines Radios und illegaler Schriften wurde auch Frans von Fisenne verhaftet und bald in das KZ Sachsenhausen, Außenlager Heinkel in Germendorf bei Berlin, transportiert. Wenig später deportierte man ihn nach Langenstein-Zwieberge, ein Außenlager des Konzentrationslagers Buchenwald. Nur etwas mehr als einen Monat konnte der zeitlebens an einer wenig robusten Gesundheit leidende Niederländer die auszehrende Arbeit im Konzentrationslager Langenstein-Zwieberge aushalten, bevor er am 20. November 1944 starb. Sein Leichnam wurde drei Tage später im Krematorium auf dem Quedlinburger Zentralfriedhof verbrannt, die Urne mit seiner Asche nach Buchenwald geschickt.

Die verhinderte Bombardierung

Bereits am 10. April 1945 wurde das benachbarte Halberstadt, welches am 8. April 1945 bei Bombardierungen der alliierten Luftwaffe zu einem Drittel zerstört worden war, von amerikanischen Truppen befreit und besetzt. Die alliierten Truppen zogen aber nördlich am Quedlinburger Gebiet vorbei und drängten in Richtung Elbe. Dadurch wurde die Stadt erst am

118

19. April 1945 befreit. In dieser Zeit von etwas über einer Woche kam es zu mehreren Taten, die zurecht als »heldenhaft« bezeichnet werden können und in Kombination mit anderen Faktoren dazu führten, dass die Stadt von Kriegszerstörungen weitgehend verschont geblieben ist. So wurden seit 1943/44 in Quedlinburg über 8000 Verwundete in den Sporthallen und Notlazaretten versorgt. Oberstabsarzt Dr. Jahn, der bereits vor dem Krieg eine Praxis in der Öringerstraße geführt hatte und auch nach dem Krieg noch länger in Quedlinburg praktizieren sollte, erklärte die Stadt, in der er selbst für einige der Einrichtungen zuständig war, zur Lazarettstadt und verhandelte über die Grenzen hinweg – unter Einsatz seines Lebens – mit den Amerikanern.

Hinzu kam, dass eine Woche vor der Befreiung im Quedlinburger Bahnhof Waggons standen, auf denen Teile der Großrakete V2 lagerten. Die beiden Ingenieure Rössler und Bühring erkannten die Gefahr, dass die alliierte Luftwaffe diese bei ihren nächtlichen Überflügen sehen könnten und Quedlinburg daher zum Ziel von Bombenabwürfen werden könnte. Es gelang den beiden, die Teile der V2 aus dem Bahnhof zu fahren und bei Ditfurt den Gleisposten zu passieren. Auf der anderen Seite übernahmen die amerikanischen Truppen die gefährliche Fracht. Unter anderem dieses Verhalten der beiden Ingenieure Rössler und Bühring verhinderte eine Bombardierung der Stadt Quedlinburg, und so beschränkten sich die Kriegszerstörungen – im Gegensatz zu den stark bombardierten Städten Halberstadt oder Magdeburg – auf wenige Treffer der Artillerie.

Die Befreiung am 19. April 1945

Die Atmosphäre kurz vor der Befreiung durch die Amerikaner spiegelt sich eindrücklich im gekürzten Bericht eines damals 15-jährigen Zeitzeugen wider: »In der Nacht vor dem 19. April war noch Maschinengewehrfeuer zu hören und die Artillerie feuerte in die Stadt. Als das gegen Mitternacht plötzlich aufhörte, waren die Amerikaner schon bis zur Bode vorgestoßen. Im Morgengrauen (...) kamen drei Panzer die Straße runter und

Die Rote Armee marschiert am Marschlinger Hof. – Fotografie, um 1946.

zwar über die Öringer Straße in Richtung Steinweg. Mit den Panzern auf jeder Straßenseite lief Infanterie. Eine Art Schützenkette auf der linken und rechten Straßenseite, so ungefähr zwanzig. Die Soldaten haben dann überall angeklopft. Wo nicht aufgemacht wurde, da haben sie einfach die Türen eingetreten. Als sie an der Ballstraße vorüber waren, kam Herr Kodritsch und sagte: ›Weg hier, jetzt wird die Tür zugemacht.‹ Ich sagte: ›Herr Kodritsch, die treten die Türen ein, wenn sie nicht gleich aufmachen. Die sind gerade hier, die Amerikaner.‹ In dem Moment klopft es auch schon, da machte Herr Kodritsch die Tür auf und sagt: ›Heil Hitler, was wollen sie?‹ Der hat das gar nicht begriffen. Zuerst kam der GI rein und hat die Pistole in seiner Hand immer hochgeworfen und wieder aufgefangen. Dann habe ich den erst mal nach vorne reingeführt, ihm die Zimmer gezeigt. Er guckte und sagte: ›Okay.‹ Dann gingen wir nach hinten raus und je weiter wir kamen, umso unruhiger wurde der. Es ging ja ziemlich weit. Mit einem Mal sagte er ›Okay‹, und verließ dann wieder das Haus. Daraufhin sind die weiter Richtung Stadt und wir wussten nur, dass sie weiter zum Marktplatz gefahren sind. Auf dem Markt standen links und rechts so Panzerfahrzeuge und andere Fahrzeuge und aus den Fenstern im Hotel ›Zum Bär‹ guckten sie oben raus. Ein paar Panzer und LKWs für die Infanterie – das war praktisch der Einmarsch der Amerikaner.

Nach sechs Wochen wurde die Stadt an die Engländer übergeben: Die vielen Lazarette wurden von den Engländern evakuiert. Da standen auf den Gleisen im Bahnhof Zug um Zug mit Fahnen vom Roten Kreuz dran und die ganzen Kranken wurden abgezogen und in den Westen gebracht. Das muss man den Engländern hoch anrechnen, dass sie die Kranken nicht den Sowjets überlassen haben.«

Denn zwei Wochen später rückte die glorreiche Sowjetarmee mit dem Panjewagen ein, also mit kleinen, einfachen, von einem Pferd gezogenen Wagen. Dann hingen überall große Plakate mit Bekanntmachungen in Deutsch und in Russisch an den Wänden, wie man sich zu verhalten habe.

Die Sowjetarmee blieb 47 Jahre, bis sie 1992 abgezogen wurde. Doch die Sowjetunion war dabei kein »Freund« der DDR – sie wurde vielmehr als ein »Bruder« dargestellt. Die volksnahe Antwort war damals allerdings, dass man sich Freunde bekanntermaßen aussuchen könne, man bei Geschwistern aber nehmen müsse, was komme.

Quedlinburg zur Zeit der DDR

Kurz nachdem das Land »Sachsen-Anhalt« 1944 gegründet worden war, kam auch Quedlinburg in diesen Verbund – allerdings nur bis 1952, als die Länder wieder aufgelöst und in Bezirke umgewandelt wurden. Aus Sachsen-Anhalt wurden der Bezirk Magdeburg im Norden und der Bezirk Halle – der Chemiearbeiterbezirk – im Süden. Der Kreis und die Stadt Quedlinburg wurden dem Bezirk Halle zugeschlagen. Die im 19. Jahrhundert aufgebaute Firma »Steinle und Hartung« wurde in einen großen volkseigenen Betrieb umgebaut. Der Name wurde in »Betrieb für Mess- und Regelungstechnik«, kurz »MERTIK« umbenannt. Die für die Belegschaften notwendigen Wohnungen wurden in industrieller Bauweise in der Süderstadt und in den 1980er-Jahren auf dem Kleers errichtet. Im Zweiten Weltkrieg hatte es zwar kaum nennenswerte Zerstörungen gegeben. Die fehlenden Anstrengungen der Verantwortlichen und der steigende Mangel an Baumaterialien verhinderten jedoch, dass der drohende Verfall der Bausubstanz in der Altstadt hätte wirksam gestoppt werden können. Einzelne ästhetisch besonders wertvolle Bauten wurden seit 1976 durch einige erfahrene Bauleute und Restauratoren aus Toruń wiederhergestellt. Am 25. Februar 1950 besuchte Wilhelm Pieck (1876–1960), der einzige Präsident der DDR, die Stadt. Aufgrund der sich verschlechternden Versorgungslage kam es allerdings bald zu Unzufriedenheit in der Bevölkerung.

Der Aufstand von 1953

Als im März 1953 der »Generalissimus Josef Wissarionowitsch Stalin, Vater aller Werktätigen«, gestorben war, dessen Schreckensregime bis in die DDR gereicht hatte, keimte zwar die Hoffnung auf bessere Zeiten, aber die Schere zwischen den Ansprüchen der SED und der realen Situation der Bevölkerung ging immer weiter auseinander. Dies lag nicht zuletzt an der sich weiterhin verschlechternden Versorgungslage. Selbst in den offiziellen zeitgenössischen Einschätzungen wurde bereits zugegeben, dass es an so grundlegenden Dingen wie »Marmelade, Gemüse, Obst, Graupen, Mehl, Pudding, Haferflocken, Erbsen, Bohnen, Linsen, Grieß, Einweichmittel, Waschpulver, Streichhölzern und Schuhcreme« fehlte. Zudem wurden die Preise für die wenigen Waren, die es gab, um zehn Prozent erhöht, die Löhne dagegen sanken um fast ein Drittel. Dies führte allmählich nicht mehr nur zu Missstimmung, sondern zu Massenflucht, und so verließen monatlich Zehntausende das Land in Richtung Westen; allein im März 1953 waren es 58 000!

In dieser angespannten Lage verbreitete sich am 16. Juni 1953 in Berlin das Gerücht, dass auf einer Baustelle Streikende von der Polizei umzingelt worden seien. Dies reichte als Auslöser für einen republikweiten Aufstand, der die Volkspolizei völlig unvorbereitet traf und letztlich nur durch die sowjetischen Besatzungstruppen mit Waffengewalt unter Kontrolle gebracht werden konnte. Im Landkreis Quedlinburg gingen die Proteste überwiegend vom Eisenhüttenwerk in Thale und vom Volkseigenen Betrieb (VEB) Messgerätewerk aus. Die Zahl der insgesamt Demonstrierenden wird dabei auf über 5000 geschätzt, von denen 2610 aus den Betrieben stammten. Aus der Bevölkerung kamen in Thale etwa 1500 Personen und in Quedlinburg etwa 1000 hinzu. Die Demonstranten hatten sich organisiert, und gegen zehn Uhr wurde in Thale wie in Quedlinburg mit dem Streik begonnen.

Aus dem Messgerätewerk zogen die Streikenden über die Klopstockstraße am Schlachthof vorbei, über die Öringer Brücke den Steinweg hinauf und bis zum Mathildenbrunnen. Von überall her kamen Gruppen, die sich einreihten, so aus der Walzengießerei oder dem zweiten Betrieb des Messgerätewerkes. Über die Pölkenstraße zogen die Demonstranten dann zum Gewerkschaftshaus, welches gestürmt wurde, und weiter zum Haus der SED, dessen starkes eisernes Tor auch mehrfachen Zerstörungsversuchen mit Lastkraftwagen standhielt. Auch das benachbarte Haus der Freien Deutschen Jugend (FDJ) oder das Haus des Freien Deutschen Gewerkschaftsbundes

(FDGB) wurden gestürmt. Über die Heiligegeiststraße erreichte die Demonstration schließlich den Markt. Hier drangen etwa 40 Protestierende ins Rathaus ein und warfen Fahnen sowie Bilder von Wilhelm Pieck und Stalin aus den Fenstern. Eine Stalinbüste wurde bis auf die Fensterbank geschleppt, aber einzelne Funktionäre verhinderten es, dass sie aus dem Fenster geworfen wurde.

Über das Ende der Ereignisse auf dem Markt gibt es widersprüchliche Darstellungen, die jedoch allesamt gemeinsam haben, dass das Deutschlandlied gesungen wurde. An vielen Nebenschauplätzen gab es Agitationen: So wurde das Polizeirevier belagert, und in der sowjetischen Kommandantur im Weingarten verhandelten Delegierte mit dem Militärkommandanten. Überall wurden vor allem von Seiten der Sowjets, aber auch des Ministeriums für Staatssicherheit (MfS) Verhaftungen vorgenommen. Der Kriegszustand wurde am Nachmittag ausgerufen und in der Nacht die Stadt in eine Festung verwandelt: Auf Plätzen und Straßenkreuzungen standen gepanzerte Fahrzeuge und Maschinengewehre, schwer bewaffnete Soldaten patrouillierten. Übereinstimmend wiesen die Zeitzeugen auf die aufgepflanzten Bajonette hin.

Die Streiks wurden schließlich aufgelöst, indem gedroht wurde, jeden Zehnten zu erschießen, wenn nicht sofort wieder gearbeitet werde. In den folgenden Monaten und Jahren wurden die Beteiligten, die nicht in den Westen flüchteten, sukzessive verhaftet und zu mehrjährigen Zuchthausstrafen verurteilt; andere wurden einfach in die Bundesrepublik abgeschoben. Die SED-Kreisleitung schätzte die damalige Lage folgendermaßen ein: Ohne das Eingreifen der sowjetischen Soldaten hätte die DDR nur noch wenige Stunden bestehen können. Entspannter wurde die Lage dagegen von der sowjetischen Seite eingeschätzt, denn die Militärkommandantur bemängelte vor allem, dass die Gebäude der SED, also die Polizeistationen und dergleichen, nicht richtig beflaggt gewesen seien.

Der geplante Abriss großer Flächen

Am 17. Mai 1957 weilte der Ministerpräsident der DDR, Otto Grotewohl (1894–1964), in der Stadt. Er machte sich aber nicht sonderlich beliebt, als er Quedlinburg als eine der seiner Meinung nach schmutzigsten Städte der DDR titulierte.

Der zunehmende Straßenverkehr machte immer mehr die Notwendigkeit einer Veränderung deutlich. Nach dem Abriss der Stadttore im 19. Jahrhundert wurden ab 1920 in einem Baufluchtenplan die Verbreiterung der Straßenringe vor den Stadtbefestigungen, aber auch neue Straßendurchbrüche und Straßen vorgesehen und umgesetzt. Trotz all dieser Maßnahmen wurde der kulturhistorische Wert der Stadt nie in Frage gestellt. Nach dem Zweiten Weltkrieg bestand allerdings ein hoher Erneuerungsdruck, denn die meisten Gebäude waren in ihren haustechnischen und hygienischen Verhältnissen keineswegs mehr zeitgemäß. Um die fehlende Instandhaltung während der Kriegs- und Nachkriegszeit zu untersuchen, wurden zwischen 1957 und 1969 für größere Teile der Stadt von Studenten der Hochschule für Architektur und Bauwesen in Weimar Hausaufmaße und -pläne erstellt. Diese Unterlagen benötigte vor allem die Baudenkmalpflege, denn der beginnende Sozialismus sollte sich auch in Quedlinburg im Städtebau und in neuen Gebäuden manifestieren. Das Stadtbild sollte von einer Gesellschaftsordnung zeugen, die keine Rücksicht mehr auf die Architektur historisch überwundener Epochen nehmen musste. So hieß es damals in einer Broschüre: »Das Alte wiederum darf nicht zum Knebel werden, denn was war, ist vorbei und nichts kehrt wieder ...«

Die Auswirkungen dieser Haltung zeigten sich, als 1961 ein neues »sozialistisches Stadtzentrum« südlich der Altstadt geplant wurde. Der dabei vorgesehene zentrale Platz mit Kino und Verwaltungsgebäuden hätte zwar mehrere historische Gebäude gekostet, war aber nichts im Vergleich zu den drei Varianten, die 1962 vom gleichen Entwurfsbüro vorgelegt wurden. Die Vorschläge versuchten, die denkmalpflegerischen Forderungen mit den Bedingungen des SED-Bauwesens zu verbinden. Allen Varianten gemein war ein sozialistischer Aufmarsch-

Die Münzenberger Musikanten. – Skulptur von Wolfgang Dreysse, 1976.

platz mit einem Hochhaus und flachen Bauten für Verwaltung, Kultureinrichtungen, Parteien und Massenorganisationen. Während das Ministerium für Kultur in der DDR und das Institut für Denkmalpflege den dabei notwendigen großflächigen Abriss ablehnten, bewerteten Stadt und Kreis Quedlinburg die Varianten anders: In der radikalsten Version wären nur die Häuser unmittelbar am Altstädter Markt und am Mathildenbrunnen sowie in der Steinbrücke und im Steinweg erhalten geblieben. Die sämtlichen anderen Gebäude der Altstadt – immerhin 80 Prozent der Baudenkmäler – hätten den sozialistischen Plattenbauten weichen müssen.

Dass diese Vorstellungen nicht verwirklicht wurden, lag letztlich allein in der desolaten wirtschaftlichen Lage begründet. Insbesondere hätten vor dem Abriss Ersatzwohnungen für die Bewohner der Altstadt geschaffen werden müssen, was aber in den 1960er-Jahren nicht ausreichend schnell möglich gewesen wäre. Indirekt wurde der Plan aber langfristig verfolgt, denn die in den 1970er- und 1980er-Jahren erfolgten Neubauten, vor allem auf dem Kleers, führten dazu, dass die leer werdenden Wohnungen in der Innenstadt nicht neu besetzt wurden und stattdessen verfielen. Mehrere andere Möglichkeiten des Umgangs mit der Baumasse wurden diskutiert, aber letztlich keine wirklich umgesetzt. Mit aus baudenkmalpflegerischer Sicht unbefriedigenden Baulückenschließungen und der Errichtung von Fußgängerbereichen wurden eher pragmatische Lösungen umgesetzt.

Zwischen 1974 und 1976 wurde der Marktplatz als politisch wichtigster Platz in der Stadt umgestaltet. Dazu wurde er mit großen Betonplatten einheitlich ausgelegt; 140 Kugelleuchten wurden in Form von Pusteblumen an hohen Masten aufgestellt. 1979 wurde am Südende des Platzes die 1976 vom Quedlinburger Künstler Prof. Wolfgang Dreysse erschaffene Figurengruppe »Münzenberger Musikanten« installiert, die sich auf die Bewohner des nahen Münzenberges beziehen.

Da in der DDR Holz als Baustoff für Neubauten verboten war, wurde nach Lösungen gesucht, um die für die Neubaugebiete entwickelte Wohnungsbauserie (WBS) 70 an die speziellen Probleme der historischen Altstädte anzupassen. So kam es

In den 1980er-Jahren in der Hallischen Monolithbauweise für Quedlinburg (HMB/Q) errichtete Wohnhäuser.

zum Einsatz der Tunnelschalungsbauweise, die in schwedischer Lizenz gebaut und als sogenannte Hallische Monolithbauweise für Quedlinburg (HMB/Q) angepasst wurde. Die ersten und bis heute stehenden Versuchsbauten mit 100 Wohnungen wurden zwischen 1984 und 1986 in den von ihren Bewohnern verlassenen Gebieten der nördlichen Altstadt zwischen der Schmalen Straße, dem Neuendorf und dem Marschlinger Hof errichtet. Im Rosengarten befindet sich ein zweites Gebiet mit HMB/Q. 1987 wurden Forderungen laut, statt der aufwendigen HMB/Q-Gebäude doch besser Großplattenbauten zu errichten, denen bis 1989 aber nicht mehr nachgekommen wurde.

Viele Fachwerkhäuser konnten zwischen 1965 und 1990 allein deshalb nicht erhalten werden, weil der Baustoff Holz nicht zur Verfügung stand: Die DDR exportierte sämtliche Holzbestände – ihr Industrie- aber auch ihr komplettes Restholz – seit 1983 gegen harte Devisen vor allem nach Skandinavien. Ein Beispiel für ein trotz dieser Schwierigkeiten in sorgfältiger Zimmermannsarbeit restauriertes Fachwerkhaus ist das Haus Hohe Straße 34. Als giebelständiger Bau fällt dieser gegenüber der sonst traufständigen Bebauung schnell ins Auge. Der damalige Eigentümer des Hauses, der Architekt, Jurist und Kunstsammler Dr. Hermann Klumpp (1902–1987), ist in Quedlinburg allerdings nicht nur aufgrund dieser privaten Bemühungen ein Begriff; vielmehr versteckte er in der Zeit des Nationalsozialismus das grafische Werk seines Bauhaus-Freundes Lyonel Feiniger vor den Zugriffen der damaligen Zerstörer.

DER MALER LYONEL FEININGER

Der Lebensweg des aus New York stammenden deutsch-amerikanischen Malers und Grafikers Lyonel Charles Adrian Feininger (1871–1956) ist eng mit Quedlinburg verwoben, denn dort befindet sich die größte Sammlung von Kunstwerken Feiningers außerhalb der USA.

Lyonel kam mit 16 Jahren 1887 erstmals nach Deutschland, um in Hamburg die Kunstgewerbeschule zu besuchen. Er begann früh mit dem Zeichnen und nahm 1892 ein Studium an der Pariser Académie Colarossi auf. Ab 1893 lebte er in Berlin, wo er als freier Illustrator und Karikaturist tätig wurde. Nach verschiedenen Ausstellungen in Paris und andernorts wurde er 1919 als erster Bauhaus-Meister von Walter Gropius nach Weimar berufen. Nachdem das dortige Bauhaus 1925 geschlossen wurde, konnte es 1926 in Dessau neu gegründet werden.

Lyonel und seine Frau Julia zogen 1933 nach Berlin. Im Juni 1937 konnte das Ehepaar, auch durch die Hilfe des Quedlinburger Kunstsammlers Hermann Klumpp, das nationalsozialistische Deutschland in Richtung USA verlassen, wo Feininger als freier Maler in New York arbeitete. Während des Nationalsozialismus wurden indes 378 Arbeiten des Künstlers aus öffentlichen Sammlungen konfisziert, und wenige Monate nach seiner Abreise wurden acht Gemälde, ein Aquarell und 13 Holzschnitte in der Ausstellung »Entartete Kunst« in München gezeigt.

Sein Freund und Helfer, Hermann Klumpp, hatte an verschiedenen Universitäten Jura und von 1929 bis 1932 bei Mies van der Rohe am Bauhaus in Dessau Architektur studiert. In dieser Zeit entwickelte sich mit dem Ehepaar Feininger eine enge Freundschaft. Nach dessen Emigration blieben ungefähr 60 Ölbilder in Klumpps Obhut. Von diesen wollte Julia Feininger nach dem Krieg allerdings acht Bilder »eventuell« – vermutlich je nach politischer Entwicklung – zurückhaben. Nach dem Tod Julias im Jahr 1970 gab der Nachlassverwalter dem Kulturministerium der DDR gegenüber sehr hohe Dollarbeträge als Wert für die Ölbilder an, auf die nun von den Erben Anspruch erhoben wurde. Bei den DDR-Behörden löste dies ein derartiges Interesse aus, dass die Sammlung in »Sicherungsverwahrung« genommen wurde. Beim darauf folgenden Gerichtsprozess im Jahr 1974 berief sich Klumpp auf Briefe des Ehepaars Feininger, doch nach acht Jahren Auseinandersetzung des amerikanischen Nachlassverwalters mit der DDR kamen die Ölbilder nach New York. Erst 1986 wurde der lange gehegte Wunsch Klumpps erfüllt, die verbliebenen Werke öffentlich zu zeigen; dafür wurde die Lyonel-Feininger-Galerie eröffnet. Im Jahr darauf verstarb der Retter der Bilder.

Zwischen Planwirtschaft, Staatssicherheit und unterdrückter Protestkultur

Die Grundversorgung der DDR-Bevölkerung sollte mit Geschäften und Kaufhallen der Handelsorganisation »HO« und der Ladenkette »Konsum« gewährleistet werden. Zeitzeugen bestätigen immer wieder, dass es dennoch an allem mangelte. Für gehobene Ansprüche wurden »Exquisit«- und »Delikat«-Läden eingerichtet, die hochpreisige Angebote an Bekleidung, Kosmetika oder Kaffee bereithalten sollten. Insbesondere der Kaffeekonsum ließ sich politisch kaum steuern, und so musste die DDR die meisten Devisen – nach Erdöl – für den Kaffeeimport ausgeben.

Um außer durch den Ausverkauf der eigenen Ressourcen (Holz, Gemüse etc.) und Produkte (Raufasertapete etc.) in den Besitz von harten Devisen zu gelangen, wurden »Intershops« eingerichtet, in denen Besucher aus dem Westen mit D-Mark einkaufen konnten. Auch DDR-Bürgern standen diese Läden offen, wenn sie über die entsprechende Währung verfügten. In Quedlinburg gab es in den 1980er-Jahren einen kleinen »Intershop« in der Blasiistraße gegenüber der Blasiikirche und einen zweiten, deutlich größeren am Motel auf dem Weg zur Wipertikirche.

Trotz der alle Lebensbereiche betreffenden Mangelwirtschaft mussten regelmäßig die Erfolge des Sozialismus bilanziert und gefeiert werden. Die breiteste Massenwirkung erreichten dabei die mit großem Aufwand organisierten Demonstrationen am Kampftag der Arbeiter am 1. Mai. Die Demonstrationszüge verliefen durch die ganze Innenstadt und endeten meist in Paraden vor einer Tribüne auf dem Carl-Ritter-Platz. Die Spielmanns- und Schülerzüge, die Kampfgruppen und Angehörigen der Arbeiterklasse nahmen an den Demonstrationen teil. Dies hatte für manch einen auch ökonomische Gründe, denn für das Tragen einer Fahne wurden – nach Aussage von Zeitzeugen – mitunter Geldbeträge ausgezahlt. Die Paraden wurden im Beisein der sowjetischen Militärangehörigen vollzogen, oft verbunden mit der Einweihung von Denkmälern und Auszeichnungsfeiern.

Die Schulen der Stadt waren zu zehn sogenannten Polytechnischen Oberschulen vereinheitlicht worden, die in zehn Klassen zur mittleren Reife führten. Die Schulen erhielten im Laufe der 1980er-Jahre die Namen verdienter Kommunisten. Diese Schultitel mussten sie sich durch besondere Leitungen verdienen, im damaligen Jargon »erkämpfen«. So wurde zum Beispiel die Marktschule zunächst in Polytechnische Oberschule III. und 1984 in Erich-Weinert-Oberschule umbenannt.

Das Abitur konnte in zwei weiteren Jahren auf der Erweiterten Oberschule (EOS) im Konvent erworben werden, wenn gewisse ungeschriebene Bedingungen erfüllt waren. Zu diesen gehörte beispielsweise, dass sich die Jungen mindestens drei Jahre, statt der obligatorischen 18 Monate, zur Nationalen Volksarmee verpflichteten. Wehrdienstverweigerung war übrigens ausgeschlossen und wurde mit mehrjährigen Gefängnisstrafen geahndet. Auch die Mitgliedschaft in den sozialistischen Jugendorganisationen wie der FDJ war verpflichtend. Auf die Verweigerung der Jugendweihe durch die Schüler aufgrund religiöser Bedenken wurde ebenfalls oft mit der Verwehrung des Zugangs zur Erweiterten Oberschule von offizieller Seite reagiert. Insgesamt war bei der Zulassung also weniger die tatsächliche Leistung, als vielmehr die korrekte politische

Grundeinstellung ausschlaggebend. Christlich orientierte Schüler hatten – auch bei sehr guten Leitungen – eher eine Außenseiterrolle, da sie sich teilweise abseits der vom System vorgegebenen Lebensbahnen orientierten. Für die teilweise langwierigen Diskussionen mit den EOS-Direktoren darüber, warum die Jugendweihe nicht besucht werde, kamen oft kirchliche Vertreter mit in die Schulen.

Die evangelische Jugendarbeit gründete 1986 unter Hans Jaeckel das Jugendzentrum »Haltestelle« neben der St.-Ägidii-Kirche. Die Aktivitäten in dieser Einrichtung wurden in den folgenden Jahren immer wieder massiv mit Bespitzelungen, Zuführungen, Verhaftungen und Verhören behindert. 1987 entwickelte sich in der »Haltestelle« eine Atmosphäre, die aufgrund der Herausgabe kritischer Schriften wie des »Straßenfegers« von den Sicherheitsorganen der DDR überwacht wurde. Die Menschen, die sich hier trafen und diskutierten, bildeten später einen Teil des Nährbodens für die friedliche Revolution. Auch ein DDR-weites Treffen von Atomkraftgegnern im Februar 1989 in der »Haltestelle« und der St.-Nikolai-Kirche wurde massiv von den Sicherheitsorganen observiert. Dennoch wurde dort am 25. September 1989 das »Neue Forum Quedlinburg« gegründet – der Beginn der gewaltlosen Revolution in der Stadt.

Gewaltlose Revolution und Auflösung der MfS-Zentrale 1989

Die Kreisdienststelle des am 9. Februar 1952 gegründeten »Ministeriums für Staatssicherheit« (MfS) lag in Quedlinburg in der damaligen Ethel-und-Julius-Rosenberg-Straße (Neuer Weg) und hatte keine eigene Hausnummer (ehemals 24a). Auf Stadtplänen dieser Zeit steht schlicht der Vermerk »keine Angaben«. In der ganzen DDR beschäftigte die Stasi im Jahr 1982 etwa 81 500 hauptamtliche und rund 600 000 »Inoffizielle Mitarbeiter« (IMs). Unbekannt ist, wie viele hauptamtliche Mitarbeiter in Quedlinburg gearbeitet – also spioniert – haben und wie viele IMs hier konkret als Zuträger tätig waren, denn die Kartei, die darüber existiert hat, wurde 1989 zum »Schutz« der IMs ver-

Demonstrationszüge am Carl-Ritter-Platz im Herbst 1989.

nichtet. Dadurch sollte auch künftig nicht mehr in Erfahrung zu
bringen sein, wer in Quedlinburg als Mitarbeiter aktiv gewesen
ist. Mittlerweile stellte sich aber heraus, dass in der ehemaligen
Berliner Zentrale der Staatssicherheit eine vollständige Kopie der
Klarnamendatei erhalten geblieben ist.

Ein wichtiges Spionageziel waren auch in Quedlinburg die
Kirchen. Ein katholischer Zeitzeuge hat es einst so auf den
Punkt gebracht: »Während der Nazi-Zeit saß die Gestapo immer hinten am Beichtstuhl und hat gehorcht, Predigten und so.
Als nachher das SED-Regime kam, saßen die auch da hinten.
Der Pfarrer hat dann immer gesagt: ›Ich weiß noch ganz genau, da hinten am Beichtstuhl, da saß immer die Gestapo und
hat gehorcht, was hier gepredigt wird.‹ Dann zeigte er dorthin,
dabei war das die Stasi.« Die Einschätzung der Kirchen durch
das MfS als eine große Gefahr war dabei nicht falsch, denn von
diesen religiösen Räumen aus wurde letztlich der Wille zur
Veränderung nach außen getragen. Während in Leipzig die
Friedensgebete ab November 1982 jeden Montag stattfanden,
legte das am 25. September 1989 gegründete »Neue Forum

Quedlinburg« das »Gebet für unser Land« auf den Donnerstag. Während der Demonstrationen waren die Mitarbeiter des MfS besonders aktiv: Aus einem grauen Lastkraftwagen an der Ecke Bahnhofstraße/Turnstraße wurden die friedlich Demonstrierenden gefilmt. Am 26. Oktober und am 2. November 1989 fanden nach dem gemeinsamen Gebet Demonstrationszüge mit stetig wachsenden Teilnehmerzahlen statt. Über 20 000 Demonstranten nahmen am 9. November an der größten Kundgebung in Quedlinburg teil. In keiner anderen Stadt der DDR sind – bezogen auf die Einwohnerzahl – so viele Menschen auf die Straße gegangen wie hier. Die Demonstranten ahnten dabei nicht, dass zur gleichen Zeit in Berlin der erste Grenzübergang geöffnet wurde. Doch selbst Wochen nach Öffnung der Mauer überwachte das MfS weiter und erfasste Daten. Am 30. November waren nur noch 4000 Teilnehmer beim »Gebet für unser Land« versammelt. An diesem Abend wurden zum ersten Mal am Kreisamt des MfS, das mittlerweile in Amt für Nationale Sicherheit (AfNS) umbenannt worden war, Kerzen abgestellt. Dazu erschallten Rufe wie: »Stasi in die Volkswirtschaft!« oder »Aus Stasi wird Nasi!«

Erst am 5. Dezember 1989 erfolgte eine »Sicherstellung« von Stasiakten durch die Staatsanwaltschaft und Mitglieder des Quedlinburger Kreistages – allerdings ohne dass Mitglieder des Neuen Forums einbezogen worden wären. Bei der Demonstration zwei Tage später wurde zu Beginn des Gebetes in der Nikolaikirche eine 15-köpfige Delegation mit anerkannten unabhängigen Größen der Stadt, unter anderem dem heutigen Bürgermeister Eberhard Brecht, zur Kreisdienststelle abgesandt. An diesem Abend wurde der Demonstrationszug nicht durch die angrenzende Straße geleitet, um eine Stürmung der Kreisdienststelle durch die Demonstrierenden zu verhindern. Zum Schutz hatten Volkspolizisten die MfS-Dienststelle besetzt und überwachten den Ein- und Ausgang. Die entsandte Abordnung der Demonstranten berichtete auf der Abschlusskundgebung auf dem Carl-Ritter-Platz über leergeräumte Aktenschränke, Anschlüsse für Telefonabhöranlagen, vernichtete Akten und darüber, dass einige Räume nicht zugänglich waren, weil angeblich die Schlüssel fehlten. Die Räume wurden später mit

Papierstreifen versiegelt, die aber eine weitere Vernichtung der Akten nicht verhinderten.

Am 12. Dezember 1989 wurde die MfS-Dienststelle Quedlinburg schließlich aufgelöst. Die noch vorhandenen Akten wurden von Staatsanwalt Schulz, der Polizei und Holm Petri als Vertreter des Neuen Forums in das ehemalige Gefängnis der Stasi-Bezirksverwaltung nach Halle an der Saale gebracht. Doch auch dort wurden Siegel aufgebrochen und weitere Akten entwendet. Eine besondere Ironie lag im weiteren Umgang mit dem Gebäude, denn nach der Staatssicherheit zog dort in den ersten Jahren das örtliche Arbeitsamt ein. So fühlte sich so mancher, der seine Arbeit in den ersten Jahren nach der Wiedervereinigung verloren hatte, mit neuen entmutigenden Erfahrungen am gleichen Ort konfrontiert, an dem er bereits früher einem gefürchteten Amt gegenübergetreten war.

In den Wochen, nachdem die Stasi aufgelöst war und sich so vieles im Umbruch befand, konzentrierten sich die Mitglieder des Neues Forums und anderer oppositioneller Gruppen darauf, für den überwältigenden Empfang hinter der Grenze zu danken. So wurde am 6. Januar 1990 ein deutsch-deutsches Stadtfest veranstaltet, zu dem 50 000 Besucher – andere Quellen sprechen von 80 000 – kamen.

Bis zur Einführung der Deutschen Mark im Juni 1990 änderte sich noch vieles, und ständig strömte Neues auf die Menschen ein. Zunächst wandelte sich das Warenangebot in den Kaufhallen, später die Kaufhallen selbst, die bald größeren Supermarktketten Platz machten. Sichtbarster Ausdruck der Wiedervereinigung für jeden Einzelnen war der Moment im Herbst 1990, als die DDR-Pässe ihre Gültigkeit verloren und es »Westpässe« für alle gab.

In dieser von einer unbeschreiblichen inneren und äußeren Dynamik geprägten Zeit, die jeden beständig mitriss, trafen darüber hinaus gute Nachrichten in einem gänzlich anderen Zusammenhang ein. Diese klangen völlig unglaublich, denn sie kamen nicht – wie es jeder Quedlinburger erwartet hätte – aus der ehemaligen Sowjetunion, sondern aus dem Land der unbegrenzten Möglichkeiten: In den USA waren völlig überraschend Teile des verschollenen Quedlinburger Domschatzes aufgetaucht.

Quedlinburgs Weg ins 21. Jahrhundert

Der Domschatz in den USA

Nach dem Ende des Zweiten Weltkrieges fehlten im Quedlinburger Domschatz lange Zeit zwölf der schönsten Stücke. Viele Spekulationen wurden über deren Verbleib angestellt: Die SS, sowjetische Truppen oder der in den Westen geflüchtete Museumsdirektor sollten die Stücke gestohlen haben. Was sich dann ab 1989/90 herausstellte, war daher höchst unerwartet: Bereits auf den Herbstdemonstrationen machte irgendwann die Nachricht die Runde, dass Teile des Domschatzes in den USA, genauer in Texas, aufgetaucht seien, im Nachlass des amerikanischen Offiziers Joe T. Meador (1916–1980). Bis die amerikanischen Truppen am 19. April 1945 in Quedlinburg die Kontrolle übernommen hatten, waren die Stücke des Domschatzes in einer künstlichen Höhle unter der Altenburg eingelagert und vom Volkssturm bewacht worden. Zusammen mit der Bewachung übernahmen die Amerikaner auch die ausführlichen Inventarlisten und unterstellten alles Joe T. Meador. Da dieser Kenntnisse der Kunstgeschichte hatte, entnahm er gezielt die schönsten Stücke und sandte sie – wohl mit der Feldpost – ins heimische Texas. Bis er 1980 starb, hatten nur einige seiner besten Freunde die Preziosen gesehen. Seine Erben versuchten ab 1985, Teile des Schatzes – das Samuhel-Evangelistar und das Evangelistar von St. Wiperti – auf dem freien Kunstmarkt zu verkaufen. Ein deutscher Kunsthändler erwarb 1990 Ersteres in der Schweiz und überließ es schlussendlich für einen »Finderlohn« von 1,75 Millionen US-Dollar der Kulturstiftung der Länder. Eine von Deutschland angestrengte Klage, die verhindern sollte, dass weitere Teile des Domschatzes auf den Kunstmarkt gelangten, musste wegen Fristversäumnis durch die Staatsanwaltschaft eingestellt werden. Kurz darauf tauchte daher auch das Evangelistar von St. Wiperti auf dem illegalen Kunstmarkt auf, wurde aber in der Schweiz anonym der Kulturstiftung der Länder übergeben.

Von dieser Geschichte erfuhr auch der Augsburger Historiker Willi Korte. Nach einer abenteuerlichen Suche fand er mit Hilfe des FBI die restlichen Stücke in einem Safe in Whitewright, einer winzigen Stadt nordöstlich von Dallas in Texas. Im Juni 1990 gelang es, durch eine gerichtliche Verfügung den restlichen Schatz zu sichern und im Museum of Fine Arts in Dallas zu verwahren. Da ein sich über Jahre hinziehender Rechtsstreit als zu unsicher angesehen wurde, schlug die deutsche Seite einen außergerichtlichen Vergleich vor, der am 7. Februar in London unterzeichnet wurde und eine Zahlung von 912 500 US-Dollar beinhaltete. So gelangten die restlichen Stücke 1992 schließlich zurück nach Deutschland. Die Erben Meadors hatten der Rückgabe nicht zuletzt aus dem Grund zugestimmt, dass sie sonst unter Umständen mit einer Erbschaftssteuer im zweistelligen Millionenbereich hätten rechnen müssen.

In Berlin wurde der Domschatz zunächst restauriert und für acht Monate im dortigen Kunstgewerbemuseum öffentlichkeitswirksam ausgestellt. Seit Anfang 1993 ist er wieder in den eigens dafür aufwendig renovierten Räumlichkeiten der Stiftskirche St. Servatius auf dem Burgberg in Quedlinburg zu sehen. Die Ansprache anlässlich der Rückkehr hielt die damalige Präsidentin des Deutschen Bundestages, Rita Süssmuth. Zwei kleinere immer noch fehlende Teile werden weiterhin in den USA vermutet.

Städtepartnerschaften

Aus seiner DDR-Vergangenheit hat Quedlinburg eine Partnerschaft mit der kleinen nordfranzösischen Stadt Aulnoye-Aumeries vorzuweisen. Die Kontakte sind bis heute recht stark ausgeprägt. Auf Stadtfesten ist Aulnoye-Aumeries häufig mit Ständen vertreten, und es gibt regelmäßige Besuche von Vertretern der Stadt in Frankreich. Im Jahr 1990 hatten außerdem 33 westdeutsche Städte – Brautwerbern gleich –

VOM SCHATZJÄGER ZUM EHRENBÜRGER: WILLI KORTE

Der 1954 geborene Wilhelm »Willi« Korte studierte an der Freien Universität Berlin, dann in München und schließlich in Washington D. C. Geschichte, Rechtswissenschaft und Politik. Er ist auf die Identifikation und Rückgabe von Kunstwerken spezialisiert, die im Zweiten Weltkrieg und unmittelbar danach verloren gingen. In diesem Zusammenhang kann er sich auf ein bemerkenswertes Spezialwissen über private und öffentliche Archivbestände zur Kriegs- und Nachkriegszeit stützen, das er im Laufe langer Jahre erworben hat.

Ende der 1980er-Jahre gelang es ihm – und dies ist zweifelsohne einer seiner größten Erfolge –, Teile des verschollenen Quedlinburger Domschatzes in den Vereinigten Staaten aufzuspüren und zu helfen, diese zurück nach Deutschland zu bringen. Für seine Verdienste in dieser Sache wurde er im Herbst 2013, also genau 20 Jahre nach der Rückführung der verschollenen Teile des Domschatzes, auf Antrag des Bürgerforums vom Quedlinburger Stadtrat einstimmig zum Ehrenbürger ernannt. In der Begründung heißt es:»Ohne ihn als Auslöser eines komplizierten Verhandlungsprozesses wäre es wahrscheinlich nie zu einer Rückführung gekommen.«

an die Stadtpforten geklopft und wollten Partnerstadt Quedlinburgs werden; doch als wählerische Braut hatte die Stadt viele abgelehnt. Am Ende entschied sie sich aber gleich für vier Städte – Celle, Hameln, Herford und Hannoversch Münden – und ging mit diesen am 21. April 1990 eine Städteunion ein. Die Partnerschaft fand ihren steinernen Ausdruck im sogenannten Städteunionshaus, das von allen Kommunen gemeinsam im Haus Hohe Straße 8 eingerichtet wurde. Diese Baulichkeiten hatten das Glück, mit als erste saniert zu werden, und zwar von allen Partnerstädten gemeinsam. 23 Jahre später, im Herbst 2013, verkaufte die Stadt, die das Haus aufgrund der Kosten zunehmend als »Klotz am Bein« des Stadthaushaltes empfunden hatte, den Bau an die Germanistikprofessorin Meredith McClain aus Texas. Diese hatte die Räumlichkeiten von 2005 bis 2011 bereits für Deutschsemi-

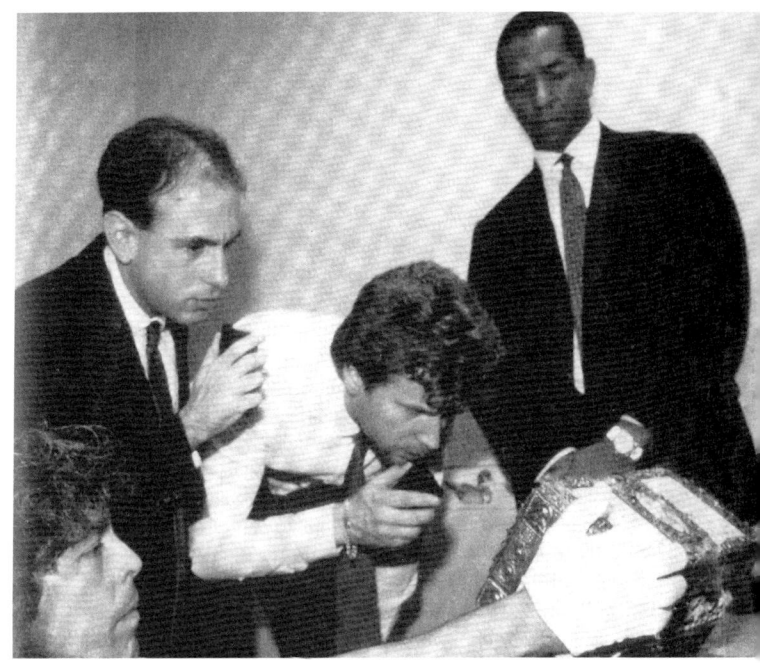

Für seine Verdienste bei der Rückführung des Domschatzes in den 1980er-Jahren wurde Willi Korte (Mitte) zum Ehrenbürger ernannt.

nare amerikanischer Studenten genutzt, wodurch es doch zu einer Art fortgesetzter Begegnung gekommen war. Die neue Besitzerin will das Haus auch in Zukunft für Kulturveranstaltungen offen halten.

Den Grundpfeiler im Verhältnis zwischen den katholischen Partnergemeinden in Herford und in Quedlinburg bildet zweifelsohne die gemeinsam verehrte Königin Mathilde. Jährlich am 14. März, dem Gedenktag der heiligen Mathilde, kommen viele Herforder Gäste in die Stadt. Auch aus Mathildes Gründung Nordhausen reisen an diesem Tag zahlreiche Besucher an. Viele andere Touristen kommen natürlich auch aus dem Grund in die Stadt, dass Quedlinburg bereits seit über 20 Jahren zum Welterbe gezählt wird.

UNESCO-Welterbe

In den Zeiten des Kalten Krieges war die Regierung der DDR an möglichst hohem internationalem Prestige interessiert. Seit 1974 war sie Mitglied der UNESCO und hatte auch einen Platz in der Kommission »ICOMOS«, die für die Vergabe und Listung des begehrten Status »Welterbe« verantwortlich ist. Einen Weg, um Prestige zu erlangen, sah man in der Aufnahme bedeutsamer Orte innerhalb der DDR in die Liste des Welterbes. Um dies zu erreichen, stellte die nationale ICOMOS-Kommission der DDR 1988 einen Aufnahmeantrag für vier Städte: Dresden, Magdeburg, Wörlitz und Quedlinburg; ein Jahre später folgte Potsdam. Die Anträge wurden allerdings abgelehnt – und das wohl zu Recht: In Quedlinburg sollten selbst die neuen HMB/Q-Bauten in den abgerissenen Vierteln im Norden der Altstadt mit in der Liste auftauchen.

1990 wurden die Anträge von der wiedervereinigten Bundesrepublik zurückgezogen und neu formuliert. Auf der 18. Sitzung der ICOMOS wurde Quedlinburg im Jahr 1994 als zweiter Ort der Neuen Bundesländer auf die Welterbeliste gesetzt. In regelmäßigen Abständen wird nun von internationaler Seite überprüft, ob die Welterbestätte die strengen Kriterien der UNESCO weiter erfüllt. Dafür wurde von 2009 bis 2011 ein »Welterbe-Management-Plan« erarbeitet, der helfen soll, die weitere Entwicklung der Stadt sinnvoll zu koordinieren.

Die Stadt als Filmkulisse

Bereits 1938 wurde die Stadt als Kulisse für den Film »Spiel im Sommerwind« genutzt. Später, in der DDR-Zeit, drehte die Deutsche Film AG (DEFA) eine ganze Reihe weiterer Filme hier, beispielsweise im Jahr 1960 »Fünf Patronenhülsen« mit Manfred Krug und Armin Mueller-Stahl, oder 1979 den Kinderfilm »Schneeweißchen und Rosenrot«. Aber auch für Fernsehserien bietet sich die historische Bausubstanz immer wieder als Hintergrund an. Davon zeugen mehrere Folgen der Serien »Polizeiruf 110« und »Pfarrer Braun«. Zuletzt ließ die ARD die durchgehend

UNESCO-Münze mit einer Darstellung Quedlinburgs.

in Quedlinburg spielende Serie »Heiter bis tödlich: Alles Klara« produzieren. Auch Hollywood wird auf die exotische Originalsubstanz zunehmend aufmerksam; allerdings sind die bisherigen Filmversuche von dieser Seite gescheitert. Dass die Stadt bislang noch in keinem Blockbuster zu sehen ist, lag aber keineswegs an ihr: So wollte Nicolas Cage im Frühjahr 2012 den Thriller »Black Butterfly« zunächst in der Stadt und im Harz drehen; doch erst spielte angeblich das Wetter nicht mit, später wurde das Projekt aus Vertragsgründen abgesagt.

Überregional berichtenswert schien im Herbst 2012 der Besuch von George Clooney gewesen zu sein, als dieser in einem Restaurant am Markt zu Mittag aß. Eine Gruppe Filmleute aus Babelsberg hatte das Séparée im Restaurant »Benedikt« reserviert, und Clooney war ein Teil dieser Gruppe. Als er aber im folgenden Jahr seinen neuen Film »The Monuments Men« drehte, fand dies in anderen Städten der Umgebung wie Halberstadt und Goslar statt. Trotzdem ist Quedlinburg bereits in annähernd 40 Spielfilmen zu sehen, zuletzt in großen Produktionen wie »Goethe!« oder »der Medicus«.

Da zu hoffen bleibt, dass es beim dritten Versuch klappt, Hollywood nach Quedlinburg zu bringen, könnte es durchaus sein, dass die vielen Besucher der Stadt demnächst nicht nur sehenswerte Plätze und Bauten, sondern auch interessante

Filmaufnahmen erleben könnten – und an Gästen, auch an prominenten, mangelte es in der letzten Zeit wahrlich nicht.

Adel, Politiker und Touristen

Ende 1989 setzte überraschend ein Hubschrauber im Stadtgebiet auf, dem Helmut Kohl entstieg – angeblich mit zwei Millionen D-Mark Soforthilfe im Gepäck. Sehr konkrete Hilfe brachte kurz darauf der niedersächsische Ministerpräsident Ernst Albrecht, als er Anfang 1990 eine Spende von 100 000 Dachziegeln zur Notsicherung verschiedener Fachwerkhäuser lieferte. Besonders im Neuendorf haben einige heute sehr schön restaurierte Häuser nur durch diese Spende überlebt. Im Wahlkampf 1990 besuchte Gregor Gysi auch den Quedlinburger Marktplatz. Der ehemalige Bundespräsident Roman Herzog beehrte die Stadt im November 1994. Gerhard Schröder kam zwei Mal, 1998 mit dem spanischen Ministerpräsidenten José María Aznar und 1999 mit dem französischen Premierminister Lionel Jospin. Im Jahr 2005 machte der schwedische König Carl Gustaf zusammen mit seiner Frau, Königin Silvia, und Tochter Viktoria, von Dessau kommend, in Quedlinburg Station. Völlig unangekündigt standen sie kurz vor Toresschluss vor dem Eingang der Stiftskirche und bekamen dann als verwandte Nachkommen der letzten Quedlinburger Äbtissin eine eigene Führung. Es hat ihnen anscheinend nicht schlecht gefallen, denn im Sommer 2013 kamen sie ein zweites Mal und übernachteten inkognito in einem Hotel in der Stadt.

Doch auch »Normalsterbliche« zieht die UNESCO-Stadt in Scharen an. Zu den heutigen Weihnachtsmärkten mit dem überregional bekannten »Advent in den Höfen«, an dem oft auch Künstler wie Gotthilf Fischer, Gründer der erfolgreichen, bekannten Fischer-Chöre, teilnehmen, kommen mittlerweile mehr als 80 000 Besucher – Tendenz weiter steigend.

1990 schätzten Experten, dass es wohl noch 20 Jahre dauern werde, bis die Bausubstanz in Quedlinburg saniert sein werde. Doch auch nach 25 Jahren warten noch fast 400 Fachwerkhäuser darauf, aus dem Dornröschenschlaf wachgeküsst zu werden. Die Beseitigung des Leerstandes ist eine der dringendsten Aufgaben, um die Atmosphäre in der ganzen Stadt so zu erhalten, dass sich Einwohner und Gäste gleichermaßen wohlfühlen können. Zwar sollte dabei niemand das Gefühl haben, in einer »künstlichen« Welt zu leben, trotzdem sollten die charakteristischen Besonderheiten der Stadt zur Geltung kommen können.

Noch ein Kunstraub?

In einem Antiquariat in der Altstadt fanden sich 2010 Interessenten aus halb Europa ein, aus Belgien, Schweden, Österreich und Italien, um für zwei Fayence-Teller und eine Fayence-Schüssel zu bieten. Der Antiquar gab später an, die Stücke für eine Bekannte aus Süddeutschland versteigert zu haben. Aufgrund des guten Zustandes der Keramiken wurde geschätzt, dass diese nicht älter als 30 Jahre seien, worauf man das Einstiegsangebot auf 2000 Euro festsetzte. Aber bereits am Tag vor der Auktion soll ein italienischer Professor für die Teller eine Sofortkaufsumme von 12 000 Euro geboten haben. Im Laufe der Auktion stiegen die Angebote für den 46 Zentimeter großen Teller auf 210 000 Euro. Ein mysteriöser Bieter ersteigerte für 42 000 Euro auch die beiden anderen Stücke. Verschiedenen Berichten zufolge hatte er 200 000 Euro in einem Aktenkoffer dabei; der Rest soll nach kurzer Zeit per Geldkurier geliefert worden sein.

Der Fall war damit aber noch lange nicht abgeschlossen, denn höchstwahrscheinlich stammten die Stücke aus dem Braunschweiger Herzog-Anton-Ulrich-Museum. Von dort sind im Zweiten Weltkrieg verschiedene Bestände ausgelagert worden – auch in Höhlen bei Börnecke am Harz in der unmittelbaren Nähe von Quedlinburg. Diese Verstecke waren noch vor der Übergabe an die Alliierten geplündert worden, und seither galten die Stücke als verschollen. Da die Museumssignatur von den Tellern entfernt worden sein könnte, prüft nun das Braunschweiger Landgericht, wie in dem mysteriösen Fall zu verfahren ist.

Die wertvollen Teller sind wohl im Jahr 1537 entstanden und zeigen Herkules, der mit der Hydra kämpft, Leonidas in der Schlacht von Marathon und den Traum des Königs Astyages – farbenprächtige Szenen in heftiger Bewegung. Das Braunschweiger Museum vermisst noch 37 weitere Objekte, die in der Börnecker Höhle gelagert waren. Die Antiquariate der Umgebung aufmerksam zu durchforsten, könnte sich also lohnen.

Ausblick

In Quedlinburg wurde in jüngster Vergangenheit einiges erreicht. Im Vergleich zu den Zuständen, die die Stadt 1990 bot, hat sich sehr viel getan – und tut sich noch immer sehr viel. Die Zahl der Besucher steigt erfreulicherweise kontinuierlich an, ebenso die Zahl der restaurierten Häuser. Geradezu beispielhaft ist die kulturelle Vielfalt für eine Stadt dieser Größe. Erwähnt seien nicht nur das Theaterangebot oder der überregional bekannte Quedlinburger Musiksommer, sondern auch die vielen kleinen, teilweise wechselnden Initiativen, die im Laufe der Zeit ganz beachtliche Ausmaße erreicht haben. Hier seien exemplarisch der Kaiserfrühling, der Tag des offenen Denkmals und besonders der »Advent in den Höfen« genannt. Die Zahl der Einkaufsmöglichkeiten im Innenstadtbereich, der sogenannten »Quedlinburger Null«, ist im Vergleich zu anderen Städten der Region sehr groß. Auch die allgemeine Infrastruktur wird permanent verbessert, zuletzt bei der Neupflasterung des Marktplatzes.

Es ist viel geschafft, in Quedlinburg, aber es ist auch noch sehr viel zu tun. Vor allem die junge Bevölkerung wandert ab, es gibt im Bereich innerhalb der Stadtmauern viele leerstehende Objekte, die langsam verfallen, und es fehlt dem Stadthaushalt seit Jahren an Geld, um die für private Sanierungen notwendigen städtischen Zuschüsse bereitzustellen, die es wiederum ermöglichen würden, Gelder von anderen Stellen (Bund, EU) abzurufen. Zwar helfen hier einige externe Initiativen, wie die Deutsche Stiftung Denkmalschutz, die Lotto-Toto-Gesellschaft oder die Klubs von Rotary und Lions, aber

Der Gänsehirtenturm, einer der erhaltenen Türme der Stadtmauer im Bereich der Neustadt.

Blick von der Neustädter Kirche St. Nikolai auf die Quedlinburger Altstadt.

dies deckt den erforderlichen Bedarf bei weitem nicht ab. Zusätzliche Hilfe wird auch künftig notwendig sein.

Doch in Quedlinburg schlummern zahlreiche Chancen und Möglichkeiten: Ein großes, bei den Verantwortlichen und den Stadtbewohnern noch weitgehend unerkanntes Potential liegt im fast geschlossenen Stadtmauerring. Diesen wieder zugänglich zu machen, wäre dringend notwendig und würde Impulse in vielerlei Hinsicht ermöglichen. So ist es auch in Städten wie Jerusalem, Chester (UK), Girona (Spanien), Rothenburg o. d. Tauber oder Nördlingen gelungen, die Mauern begehbar zu machen. Auch dort hat es ähnliche Vorbehalte gegeben wie in Quedlinburg – man würde sich dann ja von den Gästen der Stadt »auf den Kaffeetisch schauen lassen« –, die sich aber zerstreuen ließen: Stattdessen herrscht mittlerweile allgemeine Zufriedenheit darüber, dass man die Stadtmauern nun sinnvoll nutzen könne.

In diesem Zusammenhang sind auch die vielen erhaltenen Feldwarten im Umland oder die Kirchtürme zu nennen, ebenso die zu wenig genutzten Kirchenräume. In einer Art Überwinterung befinden sich die Museen und Sammlungen – nicht zuletzt ein ausschlaggebender Grund für potentielle Touristen, einen Ort zu besuchen –, die nach nationalen wie internationalen Standards noch nicht ansprechend genug präsentiert werden. Die Situation mutet ein bisschen an wie die eines ausgesuchten älteren Pferdes in edlem Zaumzeug, das, statt geputzt und präsentiert zu werden, auf dem Acker schaffen soll.

Wünschenswert wären weitere überregional wirksame Veranstaltungen, mehr nachhaltige Vermarktung, mehr visionärer Weitblick, damit die Stadt langfristig nicht nur für die wachsende Zahl an Gästen interessant ist, sondern die Bausubstanz gerettet und dem Leerstand entgegengewirkt wird. Dies böte auch jungen Menschen wieder verstärkt Anreize und die Chance, in der Welterbestadt zu wohnen und zu arbeiten.

Im Jahr 2022 wird die Stadt 1100 Jahre auf ihre erste urkundliche Erwähnung zurückblicken können. Die Idee, in dem Jahr eine Landesgartenschau durchzuführen, wäre für die traditionsreiche Blumenstadt sicher ein Segen. Hoffen wir – im Interesse aller Gäste –, dass diese Pläne umgesetzt werden können!

Zeittafel

5000–4300 v. Chr.	Mittelneolithische Kreisgrabenanlagen werden in der Umgebung angelegt
4200–2800 v. Chr.	Vertreter der Trichterbecherkultur siedeln in der Gegend
3100–2700 v. Chr.	Besiedelung durch Vertreter der Walternienburg-Bernburger-Kultur
2200–800 v. Chr.	Viele Metallfunde in der Umgebung zeigen bronzezeitliche Siedler an
800–50 v. Chr.	Siedler der Eisenzeit verhütten in Quedlinburg und Umgebung Eisen
50 v. Chr. – 8. Jh.	Besiedlung der Gegend während der Kaiser- und »Völkerwanderungszeit«
775/776	Karl der Große kommt mit seinem Heer bis zur Ocker, wo die Ostfalen unter ihrem Anführer Hessi († 804) Geiseln stellen und die Treue schwören; Hessi stiftet das nördlich von Quedlinburg liegende Marsleben an das Kloster Fulda
8/9. Jh.	Erste Belege für sächsische Siedlungen in der Umgebung um Quedlinburg (Groß Orden, Weddersleben, Ditfurt, Ballersleben)
804	Gründung des Bistums Halberstadt
825	Des jüngeren Hessis Tochter, Gisela, gründet ein Kloster in Wendhusen (Thale)
835/863	Vermutliche Gründung der Wipertikirche durch das Kloster Hersfeld
922	22. April: erste urkundliche Erwähnung als Quitilingaburg in einer Urkunde König Heinrichs I.
929	Mit der »Hausordnung« ordnet Heinrich I. die Verhältnisse nach seinem Tod; Königin Mathilde erhält als Witwenversorgung die Orte Quedlinburg, Pöhlde, Gronau, Nordhausen und Duderstadt
935	Bis zu diesem Jahr wirkt Geltmarus als erster bekannter Priester an der St.-Jacobi/Wiperti-Kirche
936	Nach der Beisetzung König Heinrichs I. wird ein Frauenstift zum Totengedenken gegründet
941	Fehlgeschlagenes Attentat auf Otto I. durch Anhänger seines Bruders Heinrich
956/966	Einsetzung der Äbtissin Mathilde
961	Reliquien des hl. Servatius werden von Maastricht nach Quedlinburg gebracht
961/964	Der Kanonikerkonvent in St. Jacobus/St. Wigbertus wird institutionell geregelt
968	14. März: Königin Mathilde stirbt und wird in der Krypta der St.-Servatii-Kirche neben ihrem Mann, König Heinrich I., beigesetzt

973	Osterhoftag Ottos des Großen mit vielen Gesandten
984	Ostern: Versuchte Ergreifung des Königtums durch Heinrich den Zänker
985	Ostern: Symbolische Unterwerfung Heinrichs des Zänkers unter den jungen König Otto III.
986	Gründung des St.-Marien-Klosters auf dem Münzenberg durch Äbtissin Mathilde
994	Otto III. erteilt seiner Tante, Äbtissin Mathilde, für Quedlinburg das Markt-, Münz- und Zollrecht; Marktplatz wird mit Flusskies befestigt
997–1021	Erweiterungsbau der Stiftskirche
999	Äbtissin Mathilde stirbt, Nachfolgerin wird Adelheid, Tochter Ottos II.
1017	Kaiser Heinrich II. und Kunigunde wohnen der Wiederweihe der St.-Marien-Kirche auf dem Münzenberg bei
1021	Einweihung der erweiterten St.-Servatius-Stiftskirche
1025	Ende der Quedlinburger Annalen
1070	Brand der Stiftskirche
1079	Gegenkönig Rudolf von Schwaben feiert das Osterfest zu Quedlinburg
1085	Kirchenversammlung gegen Heinrich IV. in Gegenwart des Gegenkönigs Hermann von Salm
1087	Exil des späteren polnischen Königs Zbigniew
1088	Die Braut Heinrichs IV., Eupraxia, und seine Schwester, Äbtissin Adelheid II., werden in Quedlinburg vom Markgraf Ekbert II. von Meißen vergeblich belagert
1091	Ekbert II. von Meißen wird von Leuten der Äbtissin in einer Mühle im Selketal erschlagen
1129	Neuweihe der Stiftskirche zu Pfingsten in Anwesenheit von Kaiser Lothar III.
1146	Gründung des Klosters Michaelstein und Umwandlung des Kanonikerkonventes in St. Wiperti in einen Prämonstratenserkonvent durch Äbtissin Beatrix II.
1150er	Gewollte Zuwanderung friesischer und flämischer Siedler
1164	Leineweber und Gewandschneider werden genannt; in der Folgezeit entsteht die Neustadt
1179	Erste Erwähnung von Brühl, St.-Ägidii-Kirche und Stadtmauer
1222	Erste Nennung der Neustadt
1229	Die 103 m lange Steinbrücke mit 23 Bögen wird errichtet
1265	Erste Nennung der Ratsherren (consules)
1280er	Quedlinburger Händler in Halle an der Saale und in Lübeck
1289	Fichten für den Dachstuhl auf dem steinernen Rathaus der Altstadt werden gefällt
1310	Erste urkundliche Erwähnung des Rathauses

1315–1317	Europaweite große Hungersnot nach sintflutartigen Regenfällen
1321	Chor der Stiftskirche wird in gotischem Stil umgebaut
1330	Die Altstadt wird mit der Neustadt belehnt, beide treten in der Folge immer als Doppelstadt auf
1336	In der Fehde mit den Grafen von Regenstein ist Quedlinburg siegreich
1347	Wechsel der Ratsverfassung
1350	Pestepidemie in Mitteleuropa, vermutlich auch in Quedlinburg
1384	(Nieder-)Sächsischer Städtebund mit Halberstadt, Aschersleben, Braunschweig,
1426	Erste Erwähnung als Hansestadt
1440	Steinerne Rolandfigur vor dem Gildehaus der Gewandschneider zentral auf dem Markt wird errichtet
1460er–1530er	Die Zahl der Einwohner sinkt kontinuierlich
1477	Die Stadtherrin schränkt Autarkiebestrebungen der Stadt gewaltsam ein; Quedlinburg unterwirft sich bedingungslos
1523	Lutherische Lehren erreichen das Augustinerkloster in der Neustadt
1525	Im Bauernkrieg werden vier Klöster geplündert
1540	Besuch einer Kirchenvisitationskommission von Herzog Heinrich zur Vorbereitung der Reformation
1541	Äbtissin Anna II. führt die Reformation in Quedlinburg ein
1547	Besetzung der Stadt durch Kurfürst Johann Friedrich im Zuge des Schmalkaldischen Krieges; wird aber im gleichen Jahr aufgehoben
1565–1582	Veruntreuung städtischer Mittel durch drei Bürgermeister und mehrere Ratsherren
1566/67	Epidemie mit 2500 Toten
1582–1582	Umfangreiche Untersuchung, Aufklärung der Veruntreuung
1585	Evangelischer Theologenkongress
1599	Epidemie mit 1274 Toten
1626	Epidemie mit 2374 Toten
1629/30	Der Versuch Wallensteins, das Restitutionsedikt durchzuführen und das Wipertikloster wieder an die Prämonstratenser zu übertragen, scheitert
1663	Fund von Knochen eines vermeintlichen »Einhorns« bei den Seweckenbergen
1676	Ein Brand zerstört 40 Häuser in der Altstadt
1698	Brandenburgische Truppen der neuen Schutzmacht Preußen besetzten die Stadt, die bis 1938 Garnisonsstadt ist
1797	Ein Brand zerstört 20 Häuser in der Neustadt
1802–1812	Das Stift wird aufgelöst
1807–1813	Königreich Westfalen
1829	Als erstes Tor der Altstadt wird das Hohe Tor abgebrochen

1831	Prinz Wilhelm von Preußen weilt zur Jagd in Quedlinburg
1834	Errichtung der ersten namhaften Zuckerfabrik im Regierungsbezirk Magdeburg
1843	Bau der Kunststraße nach Halberstadt
1844–1858	Separation
1850, 1866	Schwere Choleraepidemien
1858	Katholische St.-Mathilden-Kirche wird eingeweiht
1862	Eröffnung der Eisenbahnlinie Magdeburg–Thale
1865	Fragmente der Itala-Bibel (4. Jahrhundert) werden entdeckt
1869	Die 1477 gestürzte Rolandsstatue wird wieder aufgestellt
1881	Städtisches Wasserwerk wird in Betrieb genommen
1885	Bau der Eisenbahnlinie nach Ballenstedt
1899–1901	Wesentliche Erweiterung des Rathauses
1907	Einweihung des städtischen Krankenhauses am Ditfurter Weg
1909	Städtische Kanalisation wird in Betrieb genommen
1914–1922	Im Lager nördlich der Stadt werden 17 000 Kriegsgefangene interniert
1920	Kämpfe des Kapp-Putsches fordern mehrere Opfer
1926	Ein Hochwasser zerstört sämtliche Brücken
1936–1940	Heinrich Himmler instrumentalisiert die Stiftskirche
1938	11. November: in der Pogromnacht werden jüdische Läden und Wohnungen verwüstet
1945	19. April: US-Truppen besetzen Quedlinburg für sechs Wochen; 1. Juni: Britische Truppen besetzen die Stadt für vier Wochen; 1. Juli: Einmarsch der Sowjetstreitkräfte bis 1992/3
1950	Besuch des Präsidenten der DDR, Wilhelm Pieck
1953	Aufstände zum 17. Juni werden gewaltsam von der Sowjetarmee niedergeschlagen
1957	Besuch des Ministerpräsidenten der DDR, Otto Grotewohl
1974–1976	Umgestaltung des Marktplatzes mit Betonplatten und »Pusteblumen«
1980–1989	Zerstörung mehrerer Stadtviertel und Ersatzbebauung mit Hallischen Monolithbauten Typ Quedlinburg (HMB/Q)
1986	Die Evangelische Jugendarbeit gründet das Jugendzentrum »Haltestelle«
1987–1989	Ev. Jugendzentrum »Haltestelle« von den Sicherheitsorganen der DDR überwacht
1988	Antrag der DDR, Wörlitz, Quedlinburg, Magdeburg und Dresden auf die Liste des Welterbes zu setzen (abgelehnt)
1989	Februar: DDR-weites Treffen von Atomkraftgegnern in der »Haltestelle« und der St.-Nikolai-Kirche, massiv von den Sicherheitsorganen observiert; 25. September: In der »Haltestelle« wird das »Neue Forum Quedlinburg« gegründet; Herbst: Friedensgebete und Protestmärsche führen zur gewaltlosen Revolution

1990	6. Januar: 50 000 bis 80 000 Besucher beim ersten deutsch-deutschen Stadtfest; 19. Februar: der niedersächsische Minister-präsident Ernst Albrecht bringt Quedlinburg eine dringend be-nötigte Spende an Dachziegeln, Besuche von Helmut Kohl, Gregor Gysi und anderen Politikern folgen; 21. April: Städte-union mit Celle, Hameln, Hannoversch Münden und Herford
1993	Rückkehr von zehn der zwölf seit 1945 vermissten Domschatz-stücke; Ansprache von Bundestagspräsidentin Rita Süssmuth
1994	Aufnahme Quedlinburgs in die Liste des UNESCO-Welterbes und Besuch des Bundespräsidenten Roman Herzog
1998	Besuch Gerhard Schröders mit dem spanischen Ministerpräsi-denten José María Aznar
1999	Besuch Gerhard Schröders mit dem französischen Premier-minister Lionel Jospin
2005	Besuch des schwedischen Königs Carl XVI. Gustaf mit Frau Silvia und Tochter Viktoria
2009–2011	Welterbe-Management-Plan im Auftrag der UNESCO wird er-arbeitet
2010	In einem Antiquariat tauchen wertvolle Fayencen umstrittener Herkunft auf
2011–2014	Umfassende Neugestaltung des Marktplatzes, der Breiten Straße und der Steinbrücke
2012	Stadt wird von den Schauspielern und Produzenten Nicolas Cage und George Clooney als Filmkulisse begutachtet
2013	Besuch des schwedischen Königs Carl XVI. Gustaf mit Frau Silvia
2014	20. Jubiläum der Listung als Welterbe der UNESCO

Literaturauswahl

Althoff, Gerd: Adels- und Königsfamilien im Spiegel ihrer Memorialüberlieferung. Studien zum Totengedenken der Billunger und Ottonen (Münsterische Mittelalter-Schriften 47). München 1984; sowie: Gandersheim und Quedlinburg. Ottonische Frauenklöster als Herrschafts- und Überlieferungszentren, in: Frühmittelalterliche Studien 25 (1991), S. 123–144.

Behringer, Wolfgang: Neun Millionen Hexen. Entstehung, Tradition und Kritik eines populären Mythos, in: Geschichte in Wissenschaft und Unterricht 49 (1998), S. 664–685.

Bernhagen, Werner: Quedlinburg wie es früher war. Gudensberg-Gleichen 1992.

Bley, Clemens (Hrsg.): Kayserlich – frey – weltlich: das Reichstift Quedlinburg im Spätmittelalter und in der Frühen Neuzeit. Unter Mitarb. von Werner Freitag (Studien zur Landesgeschichte 21). Halle/Saale 2009; sowie: Herrschaft und symbolisches Handeln im Kaiserlichen freien weltlichen Stift Quedlinburg: eine verfassungsgeschichtliche Studie. Potsdam 2009 (online: http://nbn-resolving.de/urn:nbn:de:kobv:517-opus-31621).

Bodarwé, Katrinette: Sanctimoniales litteratae: Schriftlichkeit und Bildung in den ottonischen Frauenkommunitäten Gandersheim, Essen und Quedlinburg (Veröffentlichungen des Instituts für Kirchengeschichtliche Forschung des Bistums Essen 10). Münster 2004.

Brecht, Eberhard; Jaeckel, Hans; Sehmsdorf, Eckhardt (Hgg.): Vom Mut des Neuanfangs. Quedlinburger erinnern sich an den Herbst '89. Magdeburg: Landeszentrale für politische Bildung Sachsen-Anhalt 1999.

Brinkmann, Adolf: Beschreibende Darstellung der älteren Bau- und Kunstdenkmäler des Kreises Stadt Quedlinburg (Beschreibende Darstellung der älteren Kunstdenkmäler der Provinz Sachsen 33), Band 1: Berlin 1922; Band 2: Magdeburg 1923.

Denkmalverzeichnis Sachsen Anhalt Band 7.1.: Landkreis Quedlinburg Stadt Quedlinburg. Erarbeitet von Falko Grubitzsch unter Mitwirkung von Alois Bursy, Mathias Köhler, Winfried Korf, Sabine Oszmer, Peter Seyfried und Mario Titze. Halle/Saale 1998.

Drechsler, Heike: Zur Grablege Heinrichs I. in Quedlinburg, in: Archiv für Diplomatik, Schriftgeschichte, Siegel- und Wappenkunde 46 (2000), S. 155–179.

Fliege, Jutta: Die Handschriften der ehemaligen Stifts- und Gymnasialbibliothek Quedlinburg in Halle (Arbeiten aus der Univ.- und Landesbibliothek Sachsen–Anhalt in Halle a. d. Saale 25). Halle/Saale 1982.

Fritsch, Johann Heinrich: Geschichte des vormaligen Reichsstifts und der Stadt Quedlinburg. 2 Bände, Quedlinburg 1828.

Gäde, Helmut: Saatzucht in Quedlinburg: ein Dialog mit der Geschichte von den Anfängen bis zur Gegenwart. Quedlinburg 2003.

Gerig, Uwe (Hg.): Quedlinburg. Geschichten aus dem vergangenen Jahrhundert. Quedlinburg 2000.

Goer, Michael (Hg.): Bauforschung in Quedlinburg und der Harzregion: Bericht über die Tagung des Arbeitskreises für Hausforschung in Quedlinburg vom 11. bis 15. Juni 2006 (Jahrbuch für Hausforschung 57). Marburg 2010.

Goßlau, Friedemann: Verloren, gefunden, heimgeholt. Die Wiedervereinigung des Quedlinburger Domschatzes. Quedlinburg 1996.

Heydenreuter, Reinhard: Kunstraub. Die Geschichte des Quedlinburger Stiftsschatzes. München 1993.

Högg, Frank: Gefügeforschung in Quedlinburg: Fachwerkhäuser des 13. und 14. Jahrhunderts, in: Historische Bauforschung in Sachsen-Anhalt 1, hrsg. v.

Uwe Steinecke. Petersberg 2007, S. 251–280 sowie: Gefügeforschung in Qued-
linburg: Fachwerkhäuser des 15. Jahrhunderts, in: Historische Bauforschung in
Sachsen-Anhalt 2, hrsg. v. Reinhard Schmitt, Uwe Steinecke. Halle/Saale 2013,
S. 7–36.

Hucker, Bernd Ulrich: War Albrecht II. von Regenstein (1310-1348/49) der legendäre
»Raubgraf«? In: Quedlinburger Annalen 12 (2009), S. 15–35.

Kasper, Peter: Das Reichsstift Quedlinburg (936–1810). Konzept – Zeitbezug – System-
wechsel. Göttingen 2014.

Kleemann, Selmar: Kulturgeschichtliche Bilder aus Quedlinburgs Vergangenheit
(Quedlinburgische Geschichte 2). Quedlinburg 1922.

Kogelfranz, Siegfried; Korte, Willi A.: Quedlinburg – Texas und zurück. Schwarzhandel
mit geraubter Kunst. München 1994.

Korf, Winfried: Der Münzenberg in Quedlinburg (edition metropolis 1). Quedlinburg 1998.

Kötzsche, Dietrich (Hg.): Der Quedlinburger Schatz. Berlin 1993.

Leopold, Gerhard: Die ottonischen Kirchen St. Servatii, St. Wiperti und St. Marien in
Quedlinburg: zusammenfassende Darstellung der archäologischen und bauge-
schichtlichen Forschung von 1936 bis 2001. Petersberg 2010.

Levin, Inabelle: The Quedlinburg Itala. The Oldest Illustrated Biblical Manuscript
(Litterae textuales A series on manuscripts and their texts ed. by J. P. Gumbert,
M. J. M. de Haan, A. Gruys). Leiden 1985.

Lorentzen, Tim: Ideologische Usurpation: die nationalsozialistische Umgestaltung der
Stiftskirchen zu Braunschweig und Quedlinburg als Zeichenhandlung. Wolfen-
büttel 2005.

Lorenz, Hermann: Werdegang von Stadt und Stift Quedlinburg (Quedlinburgische
Geschichte 1). Quedlinburg 1922.

Mehl, Manfred: Die Münzen des Stiftes Quedlinburg. Hamburg 2006.

Meller, Harald (Hg.): Archäologie XXL. Archäologie an der B 6n im Landkreis Quedlinburg. Halle/Saale 2006.

Militzer, Klaus; Przybilla, Peter: Stadtentstehung, Bürgertum und Rat. Halberstadt und
Quedlinburg bis zur Mitte des 14. Jahrhunderts (Veröffentlichungen des Max-
Planck-Instituts für Geschichte 67). Göttingen 1980.

Mitgau, Johann, Hermann: Alt-Quedlinburger Honoratiorentum. Genealogisch-soziolo-
gische Studie über einen Gesellschaftsaufbau des 17./18. Jahrhunderts, Leipzig 1934.

Müller, Christian: Untersuchungen zur spätmittelalterlichen Wehrtechnik im Harzge-
biet unter besonderer Berücksichtigung der Quedlinburger Balliste, in: Burgen
und Schlösser in Sachsen-Anhalt 21 (2012), S. 235-375.

Petri, Holm: Das Wunder der Kerzen. 2. Auflage, Quedlinburg 2009.

Ranft, Andreas (Hg.): Der Hoftag in Quedlinburg 973: Von den historischen Wurzeln
zum Neuen Europa. Berlin 2006.

Reuling, Ulrich: Quedlinburg: Königspfalz – Reichsstift – Markt, in: Deutsche Kö-
nigspfalzen. Beiträge zu ihrer historischen und archäologischen Erforschung 4,
hg. von Lutz Fenske. Göttingen 1996, S. 184–247.

Reuling, Ulrich; Stracke, Daniel: Deutscher Historischer Städteatlas (DHStA). Nr. 1:
Quedlinburg, hg. v. Wilfried Ehbrecht, Peter Johanek, Jürgen Lafrenz. Karto-
graphie von Thomas Kaling, Dieter Overhageböck (Veröffentlichungen des Instituts für vergleichende Städtegeschichte – Münster). Münster 2006.

Rienäcker, Christa: Die neolithische Besiedlung Quedlinburgs, in: Jahresschrift für
mitteldeutsche Vorgeschichte 62 (1978), S. 109–133.

Schauer, Hans-Hartmut: Das städtebauliche Denkmal Quedlinburg und seine Fachwerkbauten. Berlin 1990; sowie: Quedlinburg. Fachwerkstadt Weltkulturerbe.
Berlin 1999.

Tretschok, Christoph; Wozniak, Matthias; Wozniak, Thomas (Hgg.): 150 Jahre Katholische Kirche Sankt Mathilde Quedlinburg 1858–2008. Quedlinburg 2008.

Voigtländer, Klaus: Die Stiftskirche St. Servatii zu Quedlinburg. Geschichte ihrer Restaurierung und Ausstattung, mit einem Beitrag von Helmut Berger. Berlin 1989.

Wagner, Hermann: Der Quedlinburger Blumensamenbau. Voraussetzungen, Aufstieg, Blüte und Niedergang. Oschersleben 1995.

Wäscher, Hermann: Der Burgberg in Quedlinburg, Geschichte seiner Bauten bis zum ausgehenden 12. Jahrhundert nach den Ergebnissen der Grabungen von 1938 bis 1942. Berlin 1959.

Wauer, Karlheinz: Häuserbuch der Stadt Quedlinburg von der Mitte des 16. Jahrhunderts bis zum Jahre 1950. 3 Bände (Schriftenreihe der Stiftung Stoye 57–59). Marburg/Lahn 2014.

Wozniak, Thomas: Zweihundert Jahre Wipertiforschung, in: Quedlinburger Annalen 8 (2005), S. 10–17, 26–35; sowie: Quedlinburg im 14. und 16. Jahrhundert. Ein sozialtopographischer Vergleich (Hallische Beiträge zur Geschichte des Mittelalters und der Frühen Neuzeit 11). Berlin 2013.

Zeller, Adolf: Die Kirchenbauten Heinrichs I. und der Ottonen in Quedlinburg, Gernrode, Frose und Gandersheim. Aufgenommen, dargestellt und beschrieben von dem Inhaber des Stipendiums Adolf Zeller. Berlin 1916.

Zwinger, Hans: Wirtschaftsgeschichtliche Studie über das Wirtschaftsleben der Stadt Quedlinburg unterbrandenburgisch-preußischer Schutzherrschaft von 1698–1803. Gelnhausen 1930.

Zeitschriften

Zeitschrift des Harzvereins für Geschichte und Altertumskunde (1886–1949), seit 1949: Harzzeitschrift – Neue Folgen der Zeitschrift des Harzvereins für Geschichte und Altertumskunde.

Am Heimatborn, Beilage zum Quedlinburger Kreisblatt (1921–1936).

Quedlinburger Annalen. Heimatkundliches Jahrbuch für Stadt und Region Quedlinburg (seit 1998)

Äbtissinnen (936–1803)

936–966	Königin Mathilde leitete das Stift, war aber keine Äbtissin
966–999	1. Äbtissin Mathilde, Tochter Kaiser Ottos I.
999–1045	2. Äbtissin Adelheid I., Tochter Kaiser Ottos II.
1045–1062	3. Äbtissin Beatrix I., Tochter Kaiser Heinrichs III.
1062–1095	4. Äbtissin Adelheid II., Tochter Kaiser Heinrichs III.
1095–1110	5. Äbtissin Eilica
1110–1126	6. Äbtissin Agnes I., Tochter Władysław I. Herman
1126–1137	7. Äbtissin Gerburg, Gräfin von Kappenberg, auch Gerberga
1137–1160	8. Äbtissin Beatrix II. von Schwaben, Gräfin von Winzenburg
1160–1161	9. Äbtissin Meregart, auch Meregard
1161–1184	10. Äbtissin Adelheid III. von Sommerschenburg, Pfalzgräfin von Sachsen
1184–1203	11. Äbtissin Agnes II., Markgräfin von Meißen
1203–1226	12. Äbtissin Sophia I., Gräfin von Brehna
1226–1230	13. Äbtissin Bertradis I., Edle von Krosigk, auch Bertrade
1230–1231	14. Äbtissin Kunigunde, Gräfin von Kranichfeld und Kirchberg
1231–1233	15. Äbtissin Osterlinde, Gräfin von Falkenstein
1233–1270	16. Äbtissin Gertrud, Edle von Amfurt
1270–1308	17. Äbtissin Bertradis II., auch Bertrade
1308–1347	18. Äbtissin Jutta, Edle von Kranichfeld
1347–1353	19. Äbtissin Luitgard, Gräfin zu Stolberg
1354–1362	20. Äbtissin Agnes III., Edle von Schraplau
1362–1375	21. Äbtissin Elisabeth I., Edle von Hakeborn
1376–1379	22. Äbtissin Margarete, Edle von Schraplau, Schwester von Agnes III.
1379–1405	23. Äbtissin Irmgard, Burggräfin von Kirchberg, auch Ermgard
1405–1435	24. Äbtissin Adelheid IV., Gräfin von Isenburg
1435–1458	25. Äbtissin Anna I., Gräfin Reuß von Plauen
1458–1511	26. Äbtissin Hedwig, Herzogin von Sachsen
1511–1515	27. Äbtissin Magdalene, Fürstin von Anhalt-Köthen-Zerbst.
1516–1574	28. Äbtissin Anna II., Gräfin zu Stolberg, ab 1540 evangelische Äbtissin
1574–1584	29. Äbtissin Elisabeth II., Gräfin von Regenstein-Blankenburg
1584–1601	30. Äbtissin Anna III., Gräfin zu Stolberg-Wernigerode
1601–1610	31. Äbtissin Maria, Herzogin zu Sachsen-Weimar
1610–1617	32. Äbtissin Dorothea, Herzogin von Sachsen
1617–1645	33. Äbtissin Dorothea Sophie, Herzogin zu Sachsen-Altenburg
1645–1680	34. Äbtissin Anna Sophie I., Pfalzgräfin von Pfalz-Birkenfeld
1681–1683	35. Äbtissin Anna Sophie II., Landgräfin von Hessen-Darmstadt
1684–1704	36. Äbtissin Anna Dorothea, Herzogin von Sachsen-Weimar
1704–1718	Maria Aurora, Gräfin von Königsmark, Koadjutrix
1704–1710	Magdalena Sibylle, Herzogin von Sachsen-Weißenfels, Verweserin
1718–1755	37. Äbtissin Marie Elisabeth, Herzogin von Holstein-Gottorp
1756–1787	38. Äbtissin Anna Amalie, Prinzessin von Preußen
1787–1803	39. Äbtissin Sophie Albertine, Prinzessin von Schweden

(Ober-)Bürgermeister seit 1800

1800–1837	Johann August Donndorf, Bürgermeister
1838–1848	Wilhelm Ferdinand Schiller, Bürgermeister
1848–1859	Georg Drönewolf, Bürgermeister
1860–1890	Gustav Brecht, Bürgermeister
1890–1895	Gustav Brecht, Oberbürgermeister
1891–1918	Wilhelm Severin, 2. Bürgermeister
1895–1924	Ernst Bansi, Oberbürgermeister
1918–1945	Hermann Boisly, Bürgermeister
1924–1933	Rudolf Drache, Oberbürgermeister
1933–1934	Adolf Sperling, Oberbürgermeister
1934–1945	Karl Selig, Oberbürgermeister
1945	Robert Dietzel, Bürgermeister
1945	Falz, Oberbürgermeister
1945	Hans Simmon, Bürgermeister
1945	Hermann Boisly, Stadtkämmerer (Bürgermeister a. D.)
1945	Egon Mahlow, Oberbürgermeister
1946	Fritz Kietz, Bürgermeister
1946–1950	Heinz Jäger, Oberbürgermeister
1951	Gerhard Enger, Bürgermeister
1952–1956	Arno Böhme, Bürgermeister
1956–1960	Edgar Dietzel, Bürgermeister
1960–1963	Walter Großmann, Bürgermeister
1963–1982	Edgar Dietzel, Bürgermeister
1982–1990	Rainhard Lukowitz, Bürgermeister
1990–2001	Rudolf Röhricht, Bürgermeister (ab 1994 Oberbürgermeister)
seit 2001	Eberhard Brecht, Bürgermeister (seit 2011 Oberbürgermeister)

Register

Ortsregister (Quedlinburg)

Ortsregister (allgemein)

Personenregister

164

Silvia, schwed Kgin. 142, 153
Simon, Frau, jüd. Geschäftsinhaberin 116
Simons, Martin, Bgm. 73
Sommerfeld, Familie, jüd. Geschäft-
    sinhaber 116
Sprögel, Johann Heinrich 88f.
Stalin, Josef W., Diktator 122, 124
Stammer, Arnd, Sekretär 74
Steuerwald, Wilhelm, Künstler 53, 100
Süssmuth, Rita, Bundestagspräsidentin
    137, 153
Thankmar, Sohn Heinrichs I. 18, 23
Theophanu, Ksin. 32f., 37
Thide, Paul, Fourirschütze 92
Thietmar v. Merseburg 20
Tieck, Christian Friedrich, Architekt 99
Till Eulenspiegel 45, 47f.
Tzimiskes, Johannes, byz. Ks. 30
Uffenbach, Zacharias Conrad v., Rats-
    herr 49
Ulrich, Gf. v. Regenstein 65
Vannière, Oberstleutnant 111
Viktoria, schwed. Prinzessin 142, 153
Vincentinus, Augustinermönch 68
Vlote, Hans v., Knappe 48
Voigt, Gottfried, Christian, Ratssyndi-
    kus 75f.
Voltaire, frz. Aufklärer 75
Wallenstein, Albrecht v. 70, 151
Warin, Erzbf. v. Köln 32
Weller, Oberstleutnant v. 108
Widukind v. Corvey, Chronist 20, 24, 31
Widukind, Hzg. v. Sachsen 11, 18
Wigbert, hl. 15
Willigis, Erzbf. v. Mainz 32–34
Wladyslaw I. Hermann, Hzg. v. Polen
    38f.
Wulffen, Hans v. 55
Zibgniew, Hzg. v. Polen 38f., 150
Zwentibold, Kg. v. Lothringen 16

Bildnachweis

Archiv Friedemann Goßlau: Nach
    Goßlau, Friedemann: Verloren,
    gefunden, heimgeholt. Die Wieder-
    vereinigung des Quedlinburger
    Domschatzes, Quedlinburg 1996: 139
Bildarchiv Preußischer Kulturbesitz:
    28 (Albert), 31, 92
Elena Meyer, Regensburg: 63
Grosse, Walter: Brecht, Heinrich
    Gustav, in: Mitteldeutsche Lebens-
    bilder Bd. 1., Magdeburg 1926: 105

http://commons.wikimedia.org: 10,
    15, 48, 58, 60, 62, 80, 81, 91, 108
    (Bundesarchiv), 115 (Bundesarchiv,
    CC-BY-SA-3.0-de), 126, 141
Landesamt für Denkmalpflege und Ar-
    chäologie Sachsen-Anhalt: 42
    (Kathrin Ulrich)
Lichtbildarchiv älterer Originalurkun-
    den bis 1250 der Philipps-Universi-
    tät Marburg: 21 (LBA-Nr. 5092), 22
    (LBA-Nr. 16083)
Martin Lehmann, Dresden: 30
Nach Brecht, Eberhard; Jaeckel, Hans;
    Sehmsdorf, Eckhardt (Hgg.): Vom
    Mut des Neuanfangs. Quedlinbur-
    ger erinnern sich an den Herbst
    '89. Magdeburg: Landeszentrale für
    politische Bildung Sachsen-Anhalt
    1999: 133 (Jürgen Meusel)
Nach Günther, Heiko: Wilhelm Steu-
    erwaldt: auf den Spuren eines ro-
    mantischen Harzmalers, Remscheid
    2011; jetzt Privatbesitz: 28 (Dieter
    Schnittker)
Nach Kötzsche, Dietrich (Hg.): Der
    Quedlinburger Schatz, Berlin 1993:
    27
Nach Leibniz, Gottfried Wilhelm: Pro-
    tega oder Abhandlungen von der
    ersten Gestalt der Erde und den
    Spuren der Historia in den Denk-
    malen der Natur. Hrsg. von Chr. L.
    Scheidt, ins Teutsche übersetzt von
    M. W. L. G. Leipzig und Hof: Vier-
    ling 1749, § 35 Einhornskelett von
    Quedlinburg, Tafel 12: 83
Nach Schauer, Hans-Hartmut: Das
    städtebauliche Denkmal Quedlin-
    burg und seine Fachwerkbauten,
    Berlin 1990: 44
Nach Schauer, Hans-Helmut: Quedlin-
    burg. Fachwerkstadt Weltkulturer-
    be, Berlin 1999: 53
Pixelio.de: 19 (Rolf Handke), 44
    (Günter Hommes), 46 (Irene Leh-
    mann), 69 (Andreas Hermsdorf),
    87 (Rolf Handke), 98 (Rolf Hand-
    ke), 146/147 (Christiane Hergl)
Rössing, Roger: Quedlinburg so wie
    es war (Fotografierte Zeitgeschich-
    te). Düsseldorf 1992: 120
Schlossmuseum Quedlinburg: 109
Thomas Küntzel, Göttingen: 13
Thomas Wozniak: 25, 50, 56, 85, 107,
    128, 145

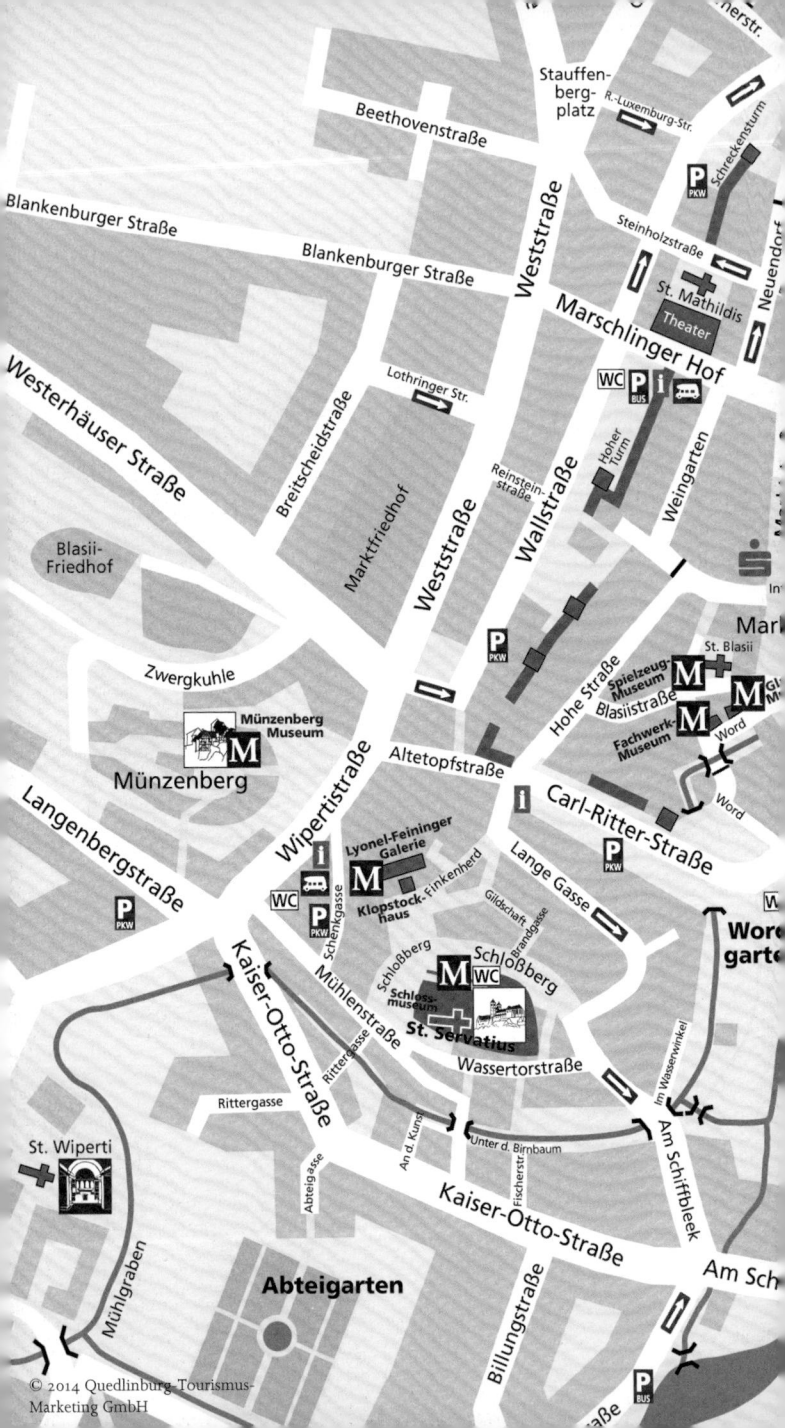

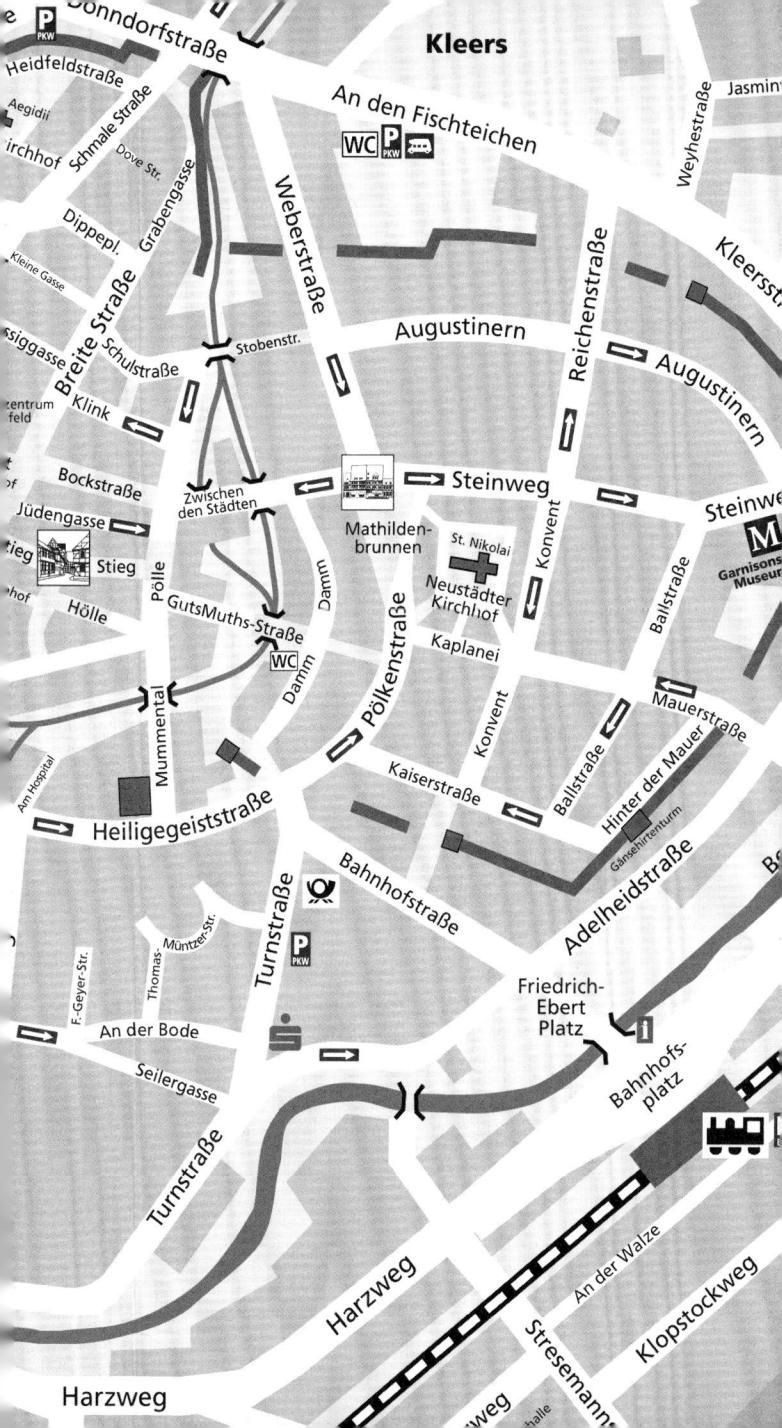